Christine Weiner/ Gundl Kutschera

Wer schön sein will, muss sich lieben

Christine Weiner / Gundl Kutschera

Wer schön sein will, muss sich lieben

Sinnliches Selbstcoaching
für Frauen

Kösel

Für all die Frauen in meiner Familie, meine Freundinnen, und mit besonderem Dank auch für die Frauen aus dem Kurs in Bonn.

Christine Weiner

© 2002 by Kösel-Verlag GmbH & Co., München
Printed in Germany. Alle Rechte vorbehalten
Druck und Bindung: Pustet, Regensburg
Umschlag: Elisabeth Petersen, München
Umschlagmotiv: Chris Craymer, stone-images, München
ISBN 3-466-30584-5

*Gedruckt auf umweltfreundlich hergestelltem Werkdruckpapier
(säurefrei und chlorfrei gebleicht)*

Inhalt

Vorwort

Jetzt hat es auch mich erwischt: Ich bin heute das erste Mal in meinem Leben gejoggt! Meine Kondition erwies sich zwar als lachhaft (ich schätze mal sieben Minuten Dauerlauf), aber ich war trotzdem mächtig stolz. Ich hatte mich tatsächlich auf die Rennpiste gewagt, dort, wo Abendspaziergänger ihre Hunde ausführen, verliebte Paare in der untergehenden Sonne sitzen und mich durchtrainierte Freizeitsportler leichtfüßig überholen. Ich bin nicht Joschka Fischer. Und er ist nicht ich. Mir fehlen seine Waden und ihm fehlt mein großer Busen. Beide haben wir unser Dicksein überwunden, doch in Momenten wie heute fällt es zumindest mir schwer, dies auch zu fühlen. Dann bin ich nicht stolz, denn mir kommen meine Bewegungen ungelenk und behäbig vor.

Tief im Inneren weiß ich natürlich, dass diese negative Sicht nicht stimmt. Wann immer ich mich als Trampel und Elefant beschimpfe, flüstert mir auch ein zartes Stimmchen Trost ins Ohr. Es sagt mir, dass ich hübsch bin und mein Laufschritt sich nur unwesentlich von dem der anderen unterscheidet. Leider fällt es mir schwer, dem Stimmchen auch zu glauben (»Ach du! Was weißt du denn schon! Du hast doch keine Ahnung!«).

Es gab eine Zeit in meinem Leben, da war ich wirklich ein wenig zu mollig. Das ist schon lange her. Ich wurde gehänselt, gekniffen, ausgelacht und ausgebremst. Heute sehe ich zwar ganz anders aus, aber diese alten Erfahrungen haben noch immer eine ungeheure Macht. Sie holen mich zurück in meine Kindheit, als ich ein kleines, rundes Mädchen war. Ein Leckermäulchen, das gerne naschte, sich aber nicht gerne bewegte. Letzteres ist noch immer so. Ich weiß wirklich nicht, was Menschen veranlasst, sich freiwillig so zu triezen. Es soll in diesem Buch auch nicht vorrangig um Bewegung gehen, sondern darum, Ihrem eigenen Körpergefühl eine Chance zu geben! Und Ihrer Seele auch. Sie sollen sich endlich als das fühlen dürfen, was Sie sind: als Frau. Vielleicht mit Rundungen, die zu Ihnen gehören (auf einmal erschreckt ein großer Busen nicht mehr), mit Ihrem Lachen, Ihren leuchtenden Augen, den eventuell schon etwas angegrauten Haaren, kurzum, mit allem, was Sie ausmacht.

»Leicht gesagt«, höre ich Sie stöhnen. Genau. Und sogar noch besser: Auch leicht gemacht!

Einstellungen können sich verändern. Wir können den bösen Geistern unserer Gedanken mit Übungen entgegenwirken, sie verblassen oder verschwinden lassen, indem wir uns erinnern, wie es sich anfühlt, ganz zu sein. Heil, schön und weiblich von innen heraus. Nicht nur in meinem Leben, auch in Ihrem gab es Momente, Augenblicke dieser Art. Wir waren heiter, fröhlich und uns unserer selbst ganz bewusst. Waren Frau, Weib, Mädchen. Bestimmte Erlebnisse oder Wahrnehmungen, die wir im Laufe unseres Lebens machten, haben den Zugang zu diesem Bereich verschüttet – und mit ihm das Gefühl für Sinnlichkeit, Begehren und Frau sein. Wir wissen genau von diesem Reichtum, kommen aber nicht so recht an ihn heran. Also lassen Sie uns gemeinsam danach buddeln!

Sie sind als Frau geboren, Sie dürfen diese Identität auch leben! Schlau, empfindsam, verführerisch. Den Weg dorthin möchte ich Ihnen zusammen mit der NLP-Lehrtrainerin und Psychotherapeutin Gundl Kutschera zeigen. Wir werden darüber sprechen, was uns hindert, in Kontakt mit unserer Weiblichkeit zu kommen. Wieso wir die Beschreibung ›Vollblutweib‹ als anzüglich empfinden. Warum auch ein wohlwollender Blick in den Spiegel unsere Seele so oft nicht erreicht. Was es uns so schwer macht, die Schönheit, die wir schon lange in uns tragen, auch äußerlich zu leben.

Dies ist kein Wunderbuch, sondern ein Angebot! Es ist eine gute Freundin, eine Reise zu sich selbst, eine Expedition zu Ihren ureigensten Quellen und Ressourcen. Das Buch wird Ihnen helfen, ein wohliges Gefühl für sich selbst zu erlangen. Es hat die Farbe eines sinnlich roten Lippenstiftes. Klingt wie Barmusik. Fühlt sich an wie Dessous mit kostbarer Spitze. Schmeckt wie dunkler, roter Wein. Schmiegt sich an, wie seidig-glatte Strümpfe. Ist wie das Leuchten in Ihren Augen, wenn Sie bemerken, dass wir hier von Ihnen sprechen. Sie sind die Frau mit den roten Lippen, den schönen Strümpfen, der wunderbaren Unterwäsche, der Perlenkette um den Hals.

Es ist wunderbar, eine Frau zu sein. Fangen wir endlich damit an!

Wie aus dem kleinen ›Schapperli‹ ein ›Schwabberli‹ wurde

Wann erging an mich das Verbot, mich als Frau zu fühlen? Ab welchem Zeitpunkt hieß man mich nicht mehr ›knuffig‹, sondern ›fett‹? Wann wurde das Programm gestartet, das mich, meine Weiblichkeit und meine Lebenslust so lange nicht zur Entfaltung kommen ließ?

Genau wie in Ihrem Leben gab es auch in dem meinen einen Moment, an den sich nach und nach andere reihten, wie hässliche, grelle Plastikkugeln, die auf eine Schnur gezogen werden. Obwohl ich die Kette sehr bedrohlich fand, wurde ich sie doch nicht los.

Aber wann war der Anfang? Wann wurde die erste Kugel aufgezogen? Wenn ich mich genau zurückbesinne, muss ich etwa neun Jahre alt gewesen sein, als meine Klassenkameraden die ersten Witze über mein Aussehen rissen. Mit 15 Jahren war dann mein Selbstwertgefühl bereits so im Eimer, dass es mich nicht mehr großartig störte, wenn man mich »Du Eimer!« oder »Kaktus!« rief. »Kaktus«, weil ich mich so stachelig gab. Mit 18 Jahren vertraute ich einem Schwarm an, dass mein Vater mich zärtlich »Schapperli« rief. Schon in seinem nächsten Satz machte er ein »Schwabberli« daraus. Ich zuckte zusammen. Der Kosenamen hatte sich in ein Schimpfwort verwandelt.

Warum konnte ich das hässliche Wort nicht einfach vergessen? Wieso prallte es nicht an mir ab wie ein Gummiball an einer festen Wand? Wieso tauchte es immer wieder auf, selbst als ich schon längst erwachsen war? Ich hatte Ausbildungen und viel Selbsterfahrung hinter mir, hatte schlaue Gespräche geführt, eine Menge Bücher gelesen, Kinofilme gesehen – aber in diesem Punkt schien ich mich wie eine Sonderschülerin zu verhalten.

Wollte ich diese abfällige Bemerkung nicht vergessen? *Konnte* ich es nicht? Oder – *brauchte* ich sie am Ende sogar? Aus welchem Grund auch immer, meine Neugier wurde wach. Das Maß war voll. Ich wollte diesem speziellen Schmerz nachgehen, den Grund entdecken, dem Grauen die Maske vom Gesicht reißen.

Darüber sprechen tut gut!

Zaghaft machte ich mich auf den Weg und tat genau das, was immer gut ist, wenn man sich mit einem Thema beschäftigt: Wann immer ich Zeit und Lust hatte, traf ich mich mit den verschiedensten Frauen. Mal war ich mit ihnen allein, mal waren wir eine ganze Gruppe. Ich erzählte von dem mangelnden Kontakt zur Frau in mir, und bald stellte sich heraus, dass ich nicht alleine war. Gemeinsam suchten wir nach den Ursachen für das fehlende Gefühl. Was hinderte uns daran, uns mit wohlwollenden Augen zu betrachten? Manchmal zeigte sich ein mieses Erlebnis in der Kindheit, mal mit dem ersten Freund, in den späteren Beziehungen, manchmal tauchten Ängste auf, mal negative Glaubenssätze. Jede Frau wusste etwas anderes zu berichten, und kaum eine fühlte sich wohl in ihrer Haut. Jede von uns hatte an diesem Problem schon irgendwie herumgedacht, wollte etwas daran ändern, wusste aber nicht so richtig wie. Wir alle sehnten uns nach der schlafenden Frau in uns.

Viele Abende lang trafen wir uns, sprachen darüber, erzählten Verschwiegenes, Peinliches und diskutierten das, was uns auf den ersten Blick unerklärlich schien. Wir gingen dem nach, weinten auch ein wenig, lachten viel, und irgendwann fühlten wir uns ein ganzes Stück weit besser, glücklicher und tiefer mit uns selbst verbunden. Wir hatten uns auf die Suche nach uns selbst gemacht.

Busen und Beine –
Was heißt ›Frau sein‹?

Wie wir uns als Frau fühlen, wie wir leben, ob selbst- oder fremdbestimmt, ist nicht nur eine Haltung, die aus uns selbst erwachsen ist, sondern auch eine, die wir vermittelt bekommen, gelernt haben oder mit der Zeit erfahren. Als kleine Mädchen hatten wir von dem, was eine Frau ist und ausmacht, weder eine eigene Vorstellung noch eine Idee. Wir mussten uns orientieren. Also schauten wir uns um, suchten nach weiblichen Vorbildern und betrachteten erst einmal mit innerer Zustimmung die Modelle, die uns die Umgebung vor die Nase setzte: unsere Mütter, Tanten, Kindergärtnerinnen, Lehrerinnen. Sie vermittelten uns einen ersten Eindruck davon, was es bedeutet, in unserer Familie und in diesem Land als Frau zu leben. Wir lauschten, wie unsere Väter, Lehrer oder männlichen Verwandten über diese Frauen sprachen und machten uns einen Reim darauf. Wir registrierten aber auch, wie diese Frauen miteinander umgingen, stellten Unterschiede fest, Regeln, Vorlieben, aber auch Verbote, die wir nicht verstehen konnten.

»Ich habe drei Mütter, meine Großmutter, meine Mutter und meine Tante Lotte. Jede ist für etwas anderes zuständig. Meine Großmutter für das Essen und dass mir warm ist (...) Meine Mutter ist zuständig für meine Fragen über den Zustand der Welt, die Bienen und die Vögel, die Bäume, die Blumen und die Menschen. Sie ist zuständig für das Trösten, das Küssen und Drücken, für das Erzählen (...) Meine Tante Lieselotte, oder einfach Lotte, ist dafür zuständig, dass ich mich gut benehme und den Leuten gefalle. Sie lehrt mich zu knicksen und mir die Nase zu putzen und mir die Nägel zu bürsten. Sie will, dass ich ein angenehmes und ansehnliches kleines Mädchen werde, eben nicht wie meine Mutter. Wieso nicht?«

So beschreibt Ricarda Bethke in ihrem autobiografischen Roman *Die anders rote Fahne* den Einfluss ihrer ersten Erzieherinnen.

Mit zunehmendem Alter entwickeln wir ein eigenes Profil, eine eigene Vorstellung von dem, was Frau sein für uns selbst bedeutet. Diese Vorstellung unterscheidet sich sehr oft von der unserer Sippe. Manchmal erwachsen daraus Konflikte, manchmal nicht. Selten jedoch formt sich unsere weibliche Identität tatsächlich nur aus uns selbst heraus. Wir werden geprägt.

Freundinnen, Popstars, Models, Autorinnen, Kolleginnen und viele andere Frauen malen mit an diesem Bild. Und jede dieser Frauen hat wiederum andere Schwerpunkte, sieht andere Farben, wenn sie von ihrem Leben als Frau erzählt oder wie sie es sich wünscht. Trotz aller Verschiedenheit sind sich Frauen in vielen Punkten ähnlich, da sie Frauen-Geschichte miteinander teilen. Wenn Sie so wollen, stammen wir alle von derselben Mutter ab. Bestimmte Gefühle brauchen wir uns gegenseitig nicht zu erklären. Wenn die kinderlose Bankerin der kinderlosen Bäuerin erzählt, wie sehr sie die Kinderlosigkeit bedrückt, werden sich die beiden Frauen auch ohne viel Worte verstehen. Sollte die Bäuerin wiederum mit ihrer Körperfülle kämpfen, wird sie auch in der Stadt verstanden werden. Es gibt Erfahrungen, Regeln und Normen über Stadt- und Ländergrenzen hinaus. Alle Frauen lernen aus demselben Buch. Intensiv studierten wir alle das Kapitel, wie man als Frau angenehm und ansehnlich wird. Nicht nur *weil* andere es wollen, sondern ganz besonders *wie* andere es wollen. Die Vorgabe ist ohne jegliche Facette und verändert sich von Zeit zu Zeit: Eine Frau hat einen Busen, rote Lippen, lange Haare und schlanke Beine. Sie lacht gerne und viel, und wenn jemand unglücklich ist, hat sie mindestens einen brauchbaren Rat im Repertoire. Der Freundinnen hat sie viele. Mit letzteren plaudert sie über Männer, Kollegen, Tupperware, Thermomix und wie lange es braucht, ein Baby wieder abzustillen. Frauen haben Fingernägel, die sind entweder angeklebt oder echt. Ihre Haare sind blondiert oder mit Henna bearbeitet oder haben Strähnchen. Wie die Haare zu tragen sind, sagt ihnen *Brigitte*, *Freundin* oder eine spezielle Fernsehsendung. Frauen ziehen sich gerne flott und modisch an. Frauen sind nie mit ihrem Äußeren zufrieden. Entweder stimmt ihr Gewicht nicht oder die Oberweite, oder sie haben Reiterhosen. Wenn es soweit ist, kann man zum Glück etwas dagegen unternehmen. Entweder man turnt und schmiert und macht oder man legt sich einfach unters Messer. Es geht schließlich um etwas: Schönheit, Anziehung und Begehren. Frauen müssen Männer halten. Mit allen Mitteln und um jeden Preis. Ohne Mann wird eine Frau nervös. Männer aber, so heißt es, wollen sich nur an attraktive Frauen binden.

Ein Arzt der kosmetischen Chirurgie verriet mir, dass er vor seinen plastischen Eingriffen grundsätzlich immer Paargespräche führe. Dabei stelle sich dann regelmäßig heraus, dass die Männer ihre Frauen meist so mögen wie sie sind. Sie lieben etwas anderes an ihnen, nicht allein den Busen, die Beine, den Po. Also kein Grund zu operieren? Nun müssen Sie nicht glauben, dass dieser Arzt auf sein Honorar verzichtet. Er macht den Männern klar, dass die Frauen die Operation für sich alleine machten. Um sich besser zu fühlen, schöner, liebenswerter.

Ob sich wohl wirklich alle von ihm ›korrigierten‹ Frauen nach der Narkose tiefer lieben? Wohl kaum. Die Erfahrung zeigt vielmehr, dass nach einem behobenen Makel gleich der nächste, noch nicht behobene auftaucht. Die Reihe der chirurgischen Optionen hat kein Ende, und so folgt dem ersten plastischen Eingriff meist bald der nächste. Der Versuch, sich auf diese Weise mehr zu lieben, ist nicht nur teuer, sondern auch gefährlich. Der Geldbeutel ist irgendwann mal leer, das Loch in der Seele jedoch geblieben. Wer nun, um einiges geschröpft, noch immer hofft, eine äußere Veränderung bedeute auch eine Veränderung des Lebens, braucht noch immer nicht zu verzweifeln. Selbst wenn die letzte Mark auf dem Konto von Chirurgen, Kosmetikerinnen und Friseuren gelandet ist, gibt es ja noch so etwas wie die Nulldiät. Nichts essen kostet eben auch fast nichts. Nach zwei oder drei Wochen ist es dann geschafft: Wenigstens das Gewicht ist reduziert! Das Problem ist geblieben ...

Ein Leben lang unterwegs

Und mit jedem Jahr wird die Angst (ab 40 sind die Rettungsringe an den Hüften kaum noch wegzuhungern) ein bisschen größer. Wir möchten keine Reiterhosen, Truthahnhälse, keine Armschinken (auch ›Chicken Wings‹ genannt), keine grauen Haare. Eigentlich mochten wir immer irgendetwas an uns nicht und sind, seit wir denken können, auf dem Sprung, uns äußerlich in irgendeiner Weise zu verändern. Das ist doch normal – wird uns eingeredet: Frauen sind mit sich nun mal derart kritisch! Die

Kritik hält jung und wach. Sie macht, dass wir uns für Mode interessieren, für Frisuren und Körpermaße. Unsere Mütter steckten schon in Miedern, die Großmütter wurden von Fischgräten gehalten, Sissi in Österreich hungerte sich fast zu Tode und Prinzessin Diana hatte Bulimie. Nicht nur wir, alle Frauen machen an sich rum. Genau, so muss es sein. – Und die meisten von ihnen erinnern sich kaum an einen Moment in ihrem Leben, wo sie sich wirklich hübsch fanden, in Ordnung, so wie sie gerade aussahen.

Helga, 38 Jahre

»Seit ich denken kann, bin ich immer unterwegs. Unterwegs zu einer schlankeren Figur, zu einer besseren Frisur, zu einem anderen Outfit, weißeren Zähnen, blonderen Haaren, dünneren Beinen. Es ist wie eine Reise ohne Ankunft, denn egal, wie ich auch aussehe, was ich auch geschafft habe, die Ruhe hält nicht an und ist so kurz wie eine Rast auf der Autobahn.«

Die Reise beginnt etwa im Alter von zehn Jahren. In diesem Alter beginnen Mädchen sich selbst als kleine Frauen wahrzunehmen und im Spiegel zu betrachten. An den Zimmerwänden hängen die ersten Poster, *Bravo-Girl* wird abonniert, die Fingernägel bekommen einen Lack. Sieht der blaue Lack gut aus, oder ist der rosafarbene besser? Welches T-Shirt sitzt besser? Ist es auch nicht babyhaft? Die eigene Mutter wird ab jetzt kritisch beäugt und mit anderen Frauen verglichen. Wie sieht sie aus? Ist sie genauso hübsch wie die Mutter von Torsten und Valerie? Warum zieht sie immer Hosen an und keine Röcke? Warum schminkt sie sich nicht, wie die Mutter von Annamarie? Besonders für rundliche Mütter beginnt nun eine harte Phase. Waren sie eben noch knuffig und die weichsten Mamas der Welt, lautet nun das Motto: konkurrenzfähig? Sie werden in Relation gesetzt. Aus knuffig wird auf einmal

›fett‹, aus lässig ›uncool angezogen‹. Im Reihenhäuschen wird's auf einmal kalt. Wie auch immer die Mütter mit sich selbst umgingen, spätestens jetzt werden sie auf neue Weise mit ihrer eigenen Weiblichkeit konfrontiert. Allerdings sollten sie die daraus entstehenden persönlichen Konflikte nicht mit dem eigenen Kind austragen. Das hat mit sich selbst genug zu tun, denn im Leben eines heranwachsenden Mädchens verändert sich eine ganze Menge.

Vergleiche treten in den Vordergrund. Ständig wird ein Mädchen in diesem Lebensabschnitt bewertet. Schulfreundinnen sagen ihr die Meinung, Nachbarjungen finden sie blöd, jemand raunzt ihr etwas entgegen, die Oma findet sie süß, eine Tante meint, es wäre Zeit für eine neue Frisur. Kaum ein Tag vergeht, ohne dass ein Mädchen nicht irgendwie *ist*. Es ist zu lang, zu dürr, zu dick, hat entweder schiefe Zähne oder X-Beine oder ist einfach nur seltsam angezogen. Die Liebe der eigenen Mama genügt nicht mehr. Auch Torsten, Annamarie und wie sie alle heißen, sollen das Mädchen lieben. Das heftige Bedürfnis nach Bestätigung taucht auf. Das Mädchen möchte hübsch gefunden werden, drängt auf ein neues Kleid und siehe da: Annamaria rutscht in der Pause ein Stückchen näher. Schnell hat das Mädchen begriffen: Um geliebt zu werden, braucht es ein gewisses Aussehen, eine Ästhetik.

Auch du kannst schön sein

Leider ist es tatsächlich so, dass wir uns gerne mit dem Auge erfreuen. Erst kommt der Blick, dann der Herzschlag. So haben wir es gesehen, gelesen und gelernt. So haben wir es auch selbst gespürt! Das Mädchen beginnt, sich danach zu richten. Fortan ist das Bad tagelang blockiert und

Tränen fließen, weil die Haare zu kurz für lange Locken sind. Die Zeit der Mädchenratgeber ist nun gekommen und mit diesen die ersten Kapitel zum Thema: »Wie können wir etwas anderes aus uns machen?« Wohlgemerkt: etwas anderes als wir sind! Der Zug rollt in den Bahnhof ein, die Dauerfahrkarte ist gekauft. Über die Richtung der Reise fällt kein Wort.

Welche Wundermittel helfen, dass eine junge Frau nicht mehr so ist, wie sie ist? Hilft die Typberatung vielleicht, die Farbberatung, der Friseur? Magazine wie *Bravo-Girl* und *Young-Miss* formen ab jetzt das Mädchen auf diese ganz subtile Weise. Es wird erklärt, was es heißt, eine Frau zu werden. Nöte um Pickel werden besprochen, wie man die Haare schöner flicht und was man mit Jungs macht, die zu schnell unter den Pullover greifen. Was ist zu tun, wenn keiner greifen will? »Was ist falsch an mir?«, fragt sich das Mädchen, blickt Rat suchend in den Spiegel oder blättert in den Heften nach.

»Von 12 bis 16« – Meilensteine auf dem Weg zur Frau

Ich selbst wuchs mit *Von 12 bis 16* auf, dem *Großen Buch für junge Mädchen*. Alle meine intimen Fragen wurden hier geklärt. Selbstverständlich auch die des Aussehens. »Auch du kannst schön sein!«, lautete das für mich wichtigste Kapitel, und ich bin mir sicher: Ich habe aus dem »auch« ein »selbst« gemacht. Selbst ich kann schön sein ... Ich wurde nach der Droge Schönheit süchtig.

Die Kapitel in diesem Buch lauten wie folgt:
Das leidige Geld: 17 Seiten
Deine Berufswelt: 31 Seiten
Ich bin Staatsbürger: 22 Seiten
Was ist Liebe?: 26 Seiten
Auch du kannst schön sein: 64 Seiten
Umgangsformen, Geselligkeit und Reisen: 84 Seiten

Man könnte fast feststellen, je lebenspraktischer und wichtiger die Kapitel für die Selbstständigkeit der Leserinnen sind, desto weniger Seiten wurden darauf verwendet. Das ›leidige Geld‹ brachte es auf nicht mal 20 Seiten. Kein Wunder, dass so viele Frauen Geldprobleme haben. Vielleicht haben sie dasselbe Buch wie ich gelesen. Wenn das Geld schon ›leidig‹ heißt, warum sollte man es dann wollen? Können Sie sich diese Überschrift in einem Buch für Jungen vorstellen? Unmöglich!

Doch schauen wir uns das Kaptiel »Auch du kannst schön sein. Der Spiegel, dein Freund(!)« einmal genauer an:

»›Bin ich schön?‹ fragst du dich vor dem Spiegel und wirst vielleicht feststellen, dass es noch allerhand zu tun gibt, um wirklich schön zu sein und vor allen Dingen es auch zu bleiben. Hast du dir vorhin noch eingebildet, einem Filmsternchen ähnlich zu sehen, belehrt dich der Spiegel jetzt eines Besseren: ›Sieh dir den Pickel auf der Nase an und die widerspenstigen Haare …‹ (…) Es ist doch viel besser, wenn du den Spiegel sagen lässt, wo es da und dort noch fehlt, als dass dir ein Fremder womöglich verletzend beibringt, was nicht schön und ungepflegt an dir ist. (…) Stell dir am besten einen *Schönheitsfahrplan* auf, nach dem du dich täglich und wöchentlich richten kannst.«

Wir haben ja auch sonst nichts Besseres zu tun. Immerhin, die Sache mit der ›Spiegelschau‹ haben wir alle gut gelernt. Hätten wir mal eher in Wirtschaftskunde so gut aufgepasst!

Der Text behandelt weiter »deine schwachen Punkte« als da wären:
- Das Haar (100 Bürstenstriche)
- Fette Haut
- Augen (Augengymnastik nicht vergessen!)

- Der peinliche Mundgeruch
- Ansatz zum Doppelkinn
- Schmuddelige Hände (kaltes Essigwasser oder ein paar Tropfen Kölnischwasser wirken Wunder!)
- Krallennägel (damit holt man sich die armen Männer ...)
- Beine (schon damals: die Haare müssen weg!)
- Füße (fünf Regeln für schönes Gehen)

Wir finden Fragen, Ratschläge, Befehle (»Der Babyspeck muss weg!«), aber niemals den beruhigenden Satz: »Du bist richtig, so wie du bist.« Etwas später dann: »Wenn du dich nicht magst ... Die Disziplin des Denkens. Schöne Gedanken machen schön. Hässliche hässlich.«

Nach der Erfahrung mit dem Spiegel ist das nicht unbedingt die leichteste Übung. Schon gar nicht für ein Mädchen zwischen *12 und 16,* das so und so nicht mehr weiß, wie ihm so recht geschieht. Das hat sich auch bis heute nicht verändert. Mädchen in diesem Alter sind bereit, alles dafür zu tun, werden sie nur rein äußerlich als hübsch empfunden. Eine ganze Woge der Zuneigung wird mit diesem Wort verbunden und dem Mädchen wird suggeriert: Glück und Segen der Frau, die als attraktiv befunden wird! Wer es nicht ist, kann es ja werden. Und da keine schön ist, so wie sie ist, sind wir auch alle nicht allein. Das heißt, Frauen sind einander von früh auf beides: Gefährtinnen und Gefahr.

Caroline, 42 Jahre

»Meine Tochter kommt jetzt langsam in die Pubertät. Sie liest solche Blättchen und verschanzt sich mit ihren Freundinnen dann stundenlang hinter verschlossenen Türen. Sie verkleiden sich, schminken sich und jede will hübscher sein als die andere. Wenn sie dann herauskommen und mir ihre Frisuren präsentieren, dann sage ich grundsätzlich nicht mehr: ›Eure Haare sind aber schön!‹ Sondern:

›Ihr seid schön!‹ Ich will versuchen, die Mädchen verbal nicht in Einzelteile zu zerlegen. In schöne Haare, schöne Beine, einen schönen Po. Es sind ja alles ganze Menschen.«

Wir alle haben diese Phase durchlaufen und wissen, wie es den jungen Mädchen geht. Das Drama: Viele von uns sind aus dieser Phase aber niemals herausgewachsen. Im Wunsch, etwas anderes aus uns zu machen, eine andere zu werden, sind wir in den Kinderschuhen stecken geblieben. Wir haben die Mädchenratgeber nicht verbrannt, sondern schlagen sie immer wieder auf. Haben keinen Kontakt zu uns, sondern plaudern wie auf Befehl die Überschriften aus Frauen-, Wellness- und Zeitgeistmagazinen nach.

Was Mütter sagen, wirkt schwach gegenüber der gesellschaftlichen Sichtweise und den Meinungen, mit denen die Töchter in Berührung kommen. Der Druck der Außenwelt ist groß und manchmal unerbittlich. Wie Frauen auszusehen haben, wird uns von Plakaten an jeder Straßenecke ins Gesicht geplärrt.

Sich selbst schön zu finden, besonders wenn sie einem gängigen Ideal und Muster nicht entsprechen, fällt vielen Frauen schwer. Was Frau ist, lassen wir uns sagen. Heute sind wir endlich mal okay, morgen, nach einer Trendwende, kann das schon wieder vorbei sein. So ferngesteuert kann sich auch jeder kosmetische Eingriff in ein Eigentor verwandeln.

Susanne 33 Jahre

»Mit 15 Jahren habe ich mir meine Augenbrauen ruiniert. Es war zu dieser Zeit ein dünner Bogen angesagt, sozusagen nur ein Hauch von Härchen. Ich bin meinen von Natur aus breiten Augenbrauen dann per Pinzette auf den Leib gerückt und habe sie in eine dünne Bogenform gebracht. Meine Körperbehaarung neigt dazu zu wachsen und zu gedeihen. Egal ob unter den Armen, an den Beinen oder auf dem Kopf. Einzig meine Augenbrauenhärchen haben sich dem widersetzt. Ihr Programm scheint: Einmal raus, für immer raus! zu lauten, was im Klartext heißt: Mein Gesicht hat seit diesem Tag keine Pinzette mehr gesehen. Dummerweise wurden kurze Zeit später aber die natürlichen, breiten Bogen erneut modern. Da saß ich nun! Bis heute sind die Härchen nicht mehr nachgewachsen.«

Es kann niemand garantieren, dass wir nach einer Korrektur so vorteilhaft aussehen wie wir es uns wünschen. Je nach Modediktat wird dies oder das kritisiert.

Was heißt das nun aber, ›Frau‹? Sind nur die als Frau akzeptiert, die so aussehen, wie ›Mann‹ es sich wünscht? Und was machen all die anderen? Die dicken, zu schmalen, zu großen, zu kleinen Frauen? Dürfen auch die sich weiblich fühlen, oder bleibt dieser Anspruch nur einer Minderheit vergönnt? Und wer bestimmt, was gerade ›Frau‹ ist und was nicht und wer zu den Auserwählten gehört?

Schönheit entsteht im Herzen

Als Mädchen bekommen wir lediglich beigebracht, dass Schönheit für uns wichtig ist. Da Schönheit aber oft als reine Geschmacks- und Modesache dargestellt wird, scheint sie flüchtig und vergänglich. Ihr Mäntelchen wechselt ständig, und niemand kann uns verlässlich sagen, welches Muster man gerade eben trägt. Was ist klassisch schön? Was ist charismatisch? Charisma hat mit Schönheit nichts zu tun, dennoch wollen es alle haben. Frauen wollen schön und charismatisch sein. Das ist die Steigerung der Aufgabe. Schön allein genügt nicht mehr. Schöne *und* charismatische Frauen werden ganz bestimmt geliebt, denn ›nur‹ schöne Frauen gelten oft als unterkühlt. Die Bewertung kommt von außen. Frauen lassen sich sagen, was sie anziehend macht. Je intensiver Sie ab jetzt darauf achten, desto häufiger wird Ihnen auffallen, dass man Sie manipuliert. Dass Ihnen, wie dem kleinen Mädchen, ständig jemand sagt, dass Sie ›mehr aus sich machen könnten‹. Schauspielerinnen machen Werbung für Haarfarbe und Kosmetik. Die Verheißung lautet: »Nimm diese Farbe und du wirst so begehrt wie ich.« Aber nur wer sich selbst begehrt, ist auch für andere begehrenswert. Diese Ausstrahlung ist mit keiner Gesichtsmaske zu erreichen.

Um zu strahlen, zu glänzen, eine Aura zu haben oder das, was man auch Charisma nennt, müssen wir uns selbst mit liebenden Augen sehen! Wir müssen uns einen eigenen Begriff von Schönheit machen, herausfinden, was wir an uns schätzen. Wer sich selbst schön findet, wird es auch für andere Menschen sein. Diese Anziehung hat jedoch nichts mehr mit reinen Körpermerkmalen zu tun, sondern entsteht durch den Glauben an sich selbst.

Sandra, 35 Jahre

»Meine Schwester hat unglaublich dicke Beine. Sie ist überhaupt dick. Sie ernährt sich falsch und isst zu viel. Ihre Haare sind dünn und ihre neue Farbe sieht künstlich aus und ist unregelmäßig aufgetragen. Sie hat Besenreiser und Bindegewebsrisse. Meine Schwester fühlt sich schön. Ich weiß nicht, wie sie es macht, aber sie empfindet sich tatsächlich als begehrenswerte Frau. Sie hat noch nie eine Diät gemacht, sie hat noch nie einen Ratgeber gelesen und sie schmunzelt über mich und meine Selbsterfahrungsgruppe. Es ist ihr unerklärlich, was ich damit will. Ich bin Single, sie hatte immer einen Partner. Ihr jetziger Mann ist

jünger und hat wegen ihr eine andere verlassen. Meine
Schwester hat sich darüber nicht gewundert. Sie fand, die
Verbindung stehe ihr einfach zu.«

Wir kreieren uns unsere Schönheit selbst. Sie entsteht in
unserem eigenen Herzen. Zugegeben, die Menschen, die
sich im Rahmen des gängigen Schönheitsideals bewegen,
haben es ein Quäntchen leichter. Richtig schwer hingegen
haben es die, die sich schon seit Geburt als Sonderfall
erleben. Dazu die Geschichte einer Begegnung, die eine
Lehrerin tatsächlich in ihrer Schule hatte. Die Mutter einer
Schülerin fiel dadurch auf, dass sie schon in jungen Jahren
keine eigenen Zähne mehr besaß. Ihre Lippen kräuselten
sich um den leer stehenden Kiefer. Das, fand die Lehrerin
(und eine Kollegin auch), war nicht schön! Der Frau, die
auch ansonsten nicht den gängigen Schönheitsidealen entsprach, sollte nun wenigstens durch ein Kassengebiss
geholfen werden. Eines Morgens passten die beiden Lehrerinnen die Mutter ab und begannen umständlich und
gehemmt, sie auf die fehlenden Zähne anzusprechen. Es
gäbe da doch Möglichkeiten! Man würde sie gerne zum
Arzt begleiten! Die Frau hörte sich stumm und geduldig die
Vorschläge an, um dann zu protestieren:»Aber ich habe
doch ein Gebiss!«»Ja, um Himmels willen, warum ziehen
Sie es denn dann nicht an?« Die Frau, mit ungekämmten
Haaren und ungewaschenen Hosen, antwortete daraufhin
nur lapidar:»Wenn ich das Gebiss reinmache, dann werde
ich die Männer ja gar nicht los!« Also bitte!

Die einen trimmen sich im Fitnesscenter, die anderen
brauchen lediglich ein Gebiss – so ungerecht ist diese Welt.
In der Tat. Wer zu sich selbst gefunden hat, wird von anderen gesucht. Wer weiß, wer er ist, braucht es sich nicht
sagen zu lassen.

Als Frau mit sich gut leben, heißt, über der unlogischen
Schönheits-Welt zu stehen. Was eine Frau ist, wie eine Frau

lebt und vor allen Dingen, wie eine Frau sich fühlt, sollten Sie sich nicht bestimmen lassen. Finden Sie selbst heraus, was es für Sie heißt, eine schöne Frau zu sein. Wie sich das anfühlt, körperlich und seelisch. Scheuen Sie sich nicht, Ihren eigenen Wert zu bestimmen, sonst ist die Gefahr groß, dass es ein anderer für Sie macht.

Stellen Sie fest, welche Stimmen bislang auf Sie eingeredet haben und schließen Sie die Tür. Vergegenwärtigen Sie sich Ihre Kindheit und Pubertät und lassen Sie diese Vorgaben los. Lachen Sie darüber, welche Ansprüche in der Vergangenheit an Sie gestellt wurden und machen Sie einen Punkt. Ab jetzt werden Sie Ihre eigenen stellen.

Was heißt es für Sie, Frau zu sein?

Was wir über uns selbst denken und welche Bilder wir von uns entwickeln, ist von Annahmen, Glaubenssätzen – im NLP spricht man von ›Beliefs‹ – geprägt. Ein Belief ist eine tiefe, innere Überzeugung, ein Gefühl von absoluter Bestimmtheit und Gewissheit, über die Bedeutung von Dingen oder von uns selbst. Beliefs sind Erwartungen, Vorannahmen, die in Erfüllung gehen. Das, was ich erwarte, was ich inszeniere und gestalte, werde ich erhalten. Beliefs sind festgelegte Rollenbilder und Erwartungen, die unser Leben und unsere Ziele gestalten, und werden durch Erfahrungen in der Vergangenheit, durch ›zufällige‹ Umstände oder immer wiederkehrende Erfahrungen geprägt. So wenig wir diese Situationen manchmal auch zu steuern vermögen, wir entscheiden, welche Bedeutung und Dauer diese Annahme, das Belief, für unser Leben hat. Ein Beispiel: Das Bild, das wir von ›Frau sein‹ in uns tragen, verwirklichen wir im Äußeren. Es ist geprägt von Erfahrungen, die wir mit Frauen machten, von gesellschaftlichen Hintergründen, familiären Verbindungen und von Vorbildern, die wir hatten. Innere Überzeugungen wie: »Ich bin nicht fraulich« schränken ein. Positive Beliefs wie: »Ich genieße meine Weiblichkeit« machen offen für neue Erfahrungen und befreien. Da Beliefs darauf drängen, bestätigt zu werden, geraten wir oft in einen Kreislauf, der sich andauernd wiederholt. Wir erkennen eine Situation wieder und reagieren darauf mit: »Na, das war ja klar!« oder »Ich schaffe das nie.« Je genauer wir auf unsere Gedanken achten, desto bewusster werden wir uns der Beliefs, die unser Leben bestimmen und die wir entmachten oder verändern wollen.

➤ ➤ ➤ **Übung**

Finden Sie einen Belief, der Sie in Ihrem Leben einschränkt. Zum Beispiel: »Ich bin so unsicher.«

Wie würde dieser Glaubenssatz heißen, wenn er positiv formuliert wäre? Zum Beispiel: »Bevor ich mich entscheide, überdenke ich eine Situation gründlich.«

Wann haben Sie diesen positiven Gedanken in Ihrem Leben schon einmal als tatsächlich erlebte Wahrheit erfahren?

Bleiben Sie in diesem positiven Gefühl, das Sie aus der Vergangenheit kennen, und nennen Sie das negative und positive Belief laut. Sprechen Sie die beiden Glaubenssätze so lange abwechselnd und immer schneller werdend hintereinander, bis der negative Glaubenssatz entmachtet ist.

Wenn Sie nun Ihren positiven Glaubenssatz nennen, sollte das blockierende Gefühl nicht mehr vorhanden sein.

Stellen Sie sich drei Situationen in der Zukunft vor, in denen Sie den positiven Glaubenssatz, das unterstützende Belief, leben werden.

Familiengeschichten –
Weibliche Modelle

Als wir geboren wurden, begann für uns jene aufregende Zeit mit dem Namen: Leben. Niemand konnte uns sagen, wie lange wir auf dieser Erdenkugel bleiben und welche Rollen wir im Laufe unseres Lebens dabei spielen würden. Wir wussten nicht, ob aus uns ein Glückskind oder eine Pechmarie werden würde. Wie verlässlich die Liebe unserer Eltern ist. Ob sie uns auch dann noch lieben würden, wenn wir in ihren Augen versagen oder uns für Wege entscheiden, die für sie nicht richtig sind. Es war nicht abzusehen, ob wir später einmal alleine leben würden oder mit dem Partner unseres Herzens und was für uns als Erwachsene einmal bedeutsam wird: Schönheit, Reichtum, Macht und Liebe?

Unsere Geburt war ein Wagnis für alle Beteiligten, denn auch unsere Eltern konnten nicht voraussehen, was sich alles verändern würde. Welche erzieherischen Maßstäbe sie beispielsweise als Eltern setzen. Sie, das Baby, wussten wiederum nicht, in welche Familie Sie hineingeboren werden, wie Ihre Eltern miteinander umgehen, ob Sie Geschwister haben würden oder nicht. Sie waren ein unbeschriebenes Blatt und Ihre Eltern setzten die ersten Zeichen darauf.

Kinder sind von ihren Eltern nicht nur körperlich abhängig, sondern auch seelisch. Sie werden von ihnen ins Leben geführt, erfahren, was gut und schlecht ist und wie man sich außerhalb der Familie zu benehmen hat. Es ist die Aufgabe der Eltern, diese gesellschaftliche Verpflichtung zu übernehmen, und die meisten machen das auch gerne. Es gibt dabei keine allgemein gültigen Regeln, keine Absprachen aller Eltern, wie man welches Verhalten fördern oder bewerten soll. Ihre Eltern waren auf sich gestellt oder sogar noch abhängig von ihren eigenen Eltern. Viele Entscheidungen wurden auf diese Weise nicht wirklich unabhängig gefällt, sondern von den Großeltern mitbestimmt. In diesem Fall wurden Sie, das Kind, also auch noch von den Großeltern miterzogen. Je weiter wir in der Geschichte zurückgehen, desto häufiger war dies der Fall. Eltern hatten eine starke Macht. Nein: Väter, Männer hatten sie.

Noch unsere Großmütter waren ausgesprochen unfrei. Sie waren nicht nur an die Eltern gebunden, sondern auch an ihren Mann. Diese Botschaft gaben sie an ihre Töchter, unsere Mütter weiter. Aufbegehren konnte teuer werden. Als ich geboren wurde, war es für eine Frau noch fast unmöglich, sich in Beziehungen zu erproben. Ratgeber, Bücher über Selbstfindung, Gesprächsgruppen und Eheberatung waren eine Rarität. Um das Leben neu und anders zu gestalten, braucht es jedoch Anregung. Die Strukturen im Deutschland der 60er-Jahre waren dafür noch nicht geschaffen. Sich selbst zu finden, ist in einer solchen Umgebung schwer. Noch schwerer ist es, überhaupt ein Bedürfnis dafür zu entwickeln.

Dennoch fand ich als Kind meine Mutter klasse! Ich wollte so werden wie sie! Sie war mein erstes Modell in Sachen ›Frau‹. Was das angeht, sind sich alle kleinen Mädchen gleich. Es liegt in der Natur der Dinge, wenn Sie so wollen, in unserem Programm. Jedes Kind lernt von seiner

Mutter. Alle Mädchen wollen so sein wie sie. Sie und ich und unsere Freundinnen und Feindinnen auch. Wir schlüpften in ihre Schuhe, setzten uns ihren Hut auf und fanden Mama einfach wunderbar.

Klara, 34 Jahre

»Ich habe nicht viele Erinnerungen an meine Kindheit, vielleicht weil wir so oft umgezogen sind. Es gab da aber ein Osterfest, ich muss wohl so sieben Jahre alt gewesen sein, da bekam ich von meinen Eltern ein Handtäschchen, das genauso aussah wie die Taschen, die meine Mutter immer trug. Ich fühlte mich mächtig erwachsen mit diesem braunen Ding am Arm und meiner Mutter sehr gleich und ebenbürtig. Ein Einschnitt war, dass meine Cousine wenige Tage später die gleiche Tasche von ihr bekam. Das nahm meinem Geschenk die Einzigartigkeit. Es wurde für mich blass. Mama und ich waren nicht mehr ein Gespann, sondern ein Trittbrettfahrer war aufgesprungen. Wenn ich noch weiter an meine Mutter denke und meine Versuche, ihr ähnlich zu sein, dann fällt mir ein, dass ich völlig aus dem Häuschen war, als ich endlich Schreibschrift in der Schule lernte. Die Schrift der Großen. Keine krakeligen Druckbuchstaben mehr, sondern geschwungene, zusammenhängende Wörter. Eben die Schrift, die meine Mutter schrieb. Wieder war ich so wie sie. Ich dachte damals wirklich, ich würde mit ihr, dank der Schrift, auf einer Ebene stehen. Endlich so sein wie sie, von ihr anerkannt und geliebt werden, einzig aus dem Grund, weil es sichtbare, geschriebene Zeichen gab, die deutlich machten, dass wir eins waren.«

Da Kinder sich nicht allein ernähren können, nicht wissen, wie Leben funktioniert, tun sie gut daran, ihre Eltern toll zu finden. Umgekehrt lieben Mütter ihre Babys, egal ob diese schreien oder nicht. Erst wenn wir uns ›selbst ernähren können‹, also eigene Standpunkte entwickeln, finden wir Mutters Meinung nicht mehr automatisch richtig. Das ist die Zeit der Pubertät. Wir wollen nicht mehr eins mit ihr sein, suchen die Grenzen und mit dem Familienfrieden ist es vorbei. Bis es zu diesem Bruch kommt, hängen wir allerdings abgöttisch an den Lippen unserer Mutter. Wir wollen sein wie sie, um damit auch den Vater zu umgarnen. Wenn Vater und Mutter sich nicht mochten, kamen wir in Entscheidungsschwierigkeiten. Je nach Lage des Familienkrieges war es von Nachteil oder von Vorteil, so zu sein wie Mutti.

Im Schatten der Eltern

Sie sehen schon, all das hat dann noch immer sehr wenig mit Ihnen selbst zu tun, sondern eher mit dem System, dessen Teil Sie sind und in dessen Verstrickungen Sie sich bis heute spüren. Ihre Eltern waren Ihr Vorbild. Die Lösungen, die sie Ihnen anboten, waren die einzig wahren und richtigen. Kein Kind stellt seine Eltern in Frage. Auch was den Geschmack angeht, das Aussehen und öffentliche Auftreten. Von unseren Eltern erfahren wir in den ersten Jahren, was schön und was hässlich ist. Wir übernehmen diese Vorgaben eins zu eins, da wir noch nicht wissen, dass es sich hier um persönliche Meinungen und Neigungen handelt. Als Kinder gehen wir davon aus, dass es keine Abweichungen gibt. Eine Abweichung könnte in unseren Augen Liebesentzug bedeuten. Viele erwachsene Menschen scheuen sich noch heute, die Meinung ihrer Eltern zu kritisieren, sich für eine andere Ansicht zu entscheiden. Es fühlt sich an wie ein Frevel, eine Sünde, zu sagen: »Meine Eltern hatten nicht Recht!« oder gar: »Was das angeht, fand ich sie richtig doof!« Dabei durften sie das sein. Sie hatten sozusagen ein Recht darauf, denn Eltern sind genauso fehlbar wie Sie es sind. Die Ansichten Ihrer Eltern waren also sehr persönlich. Es waren absolut keine Wahrheiten, im Gegenteil, manchmal eher richtiggehend bizarr.

Margit, 37 Jahre

»Mein Vater war Raucher, kein starker, aber ein Genussraucher war er schon. Am Abend oder nach langen Autofahrten zündete er sich sehr gerne eine Zigarette an. Was mich als Kind verblüffte, war seine Reaktion auf rauchende Frauen. Da rastete er manchmal richtig aus. Einmal sahen wir eine junge Frau, die an einer Bushaltestelle stand und eine Zigarette rauchte. Mein Vater rümpfte verächtlich die Nase und erklärte mir, kaum, dass wir vorbeigegangen waren, wie hässlich das doch aussehe, wenn Frauen auf der Straße rauchten. Das wären bestimmt auch keine guten Frauen, sondern sie wären billig und hätten kein Benehmen. Seine Bemerkungen waren so abfällig, dass sich das in mein Gedächtnis grub. Als ich später selbst mit Rauchen anfing, sorgte ich dafür, dass er mich nicht auf offener Straße mit einer Zigarette sah. Aber es kommt noch besser. Wenn ich heute Frauen auf der Straße rauchen sehe, dann denke ich: Meine Güte sieht das unschön aus, diese Kräuselmünder, die sich gierig um den Filter legen ...«

Die Ansichten unserer Eltern werfen also längere Schatten, als manche von uns erwarten. Margit ist Sozialpädagogin und mit Sicherheit keine oberflächliche Frau. Sie ist selbst darüber verärgert, dass das Geschwätz ihres Vaters noch immer in ihr wirkt. Nach all den Erfahrungen mit rauchenden Frauen und vor allen Dingen, nach all den eigenen Zigaretten! Erstaunlicherweise zielten die erzieherischen Bemühungen ihres Vaters noch nicht einmal darauf ab, die

Tochter aus Gesundheitsgründen vor dem Genuss von Nikotin zu bewahren, sondern es ging einzig darum, was eine Frau schön macht und was nicht. Was weiblich ist, fraulich, schicklich. So viel wissen wir jetzt: Zigaretten sind es nicht. Oder etwa doch?

Susanne, 41 Jahre

»Meine Großmutter war eine auffällige Frau. Sie war groß, schmal, trug ihre Haare in Wellen und hatte eine total dunkle, herbe Stimme. Sie rauchte wie ein Schlot, und ich gehe davon aus, dass die Stimme das Produkt der vielen Glimmstängel war. Wenn sie rauchte, dann sah sie so aus, als wären die wilden 20er-Jahre noch immer voll präsent. Sie hatte eine lange Zigarettenspitze und trug für ihr Leben gerne Perlenketten. Sie duftete nach Chanel und trug feine Seidenschals. Sie war einfach wunderbar! Ich hätte als kleines Mädchen stundenlang zu ihren Füßen liegen können, nur um sie rauchen zu sehen und plaudern zu hören. Meine Mutter beschwerte sich über den dauernden Qualm in der Wohnung übrigens nie, obwohl ich weiß, dass sie ihn hasste. Kam meine Oma zu Besuch, konnte ich es nicht abwarten, bis sie die lange Zigarettenspitze aus ihrer Tasche kramte. War sie weg, ahmte ich sie nach, indem ich mir Zigarettenspitzen aus Malpapier bastelte und Plastikkugeln zu einer Kette fädelte.«

Aber was versinnbildlichte denn der lange Filter? Die rauchende Oma?

»Sie war für mich die absolute Femme fatale. Sie trug Lippenstift und Seidenstrümpfe. Sie war anders als alle andern und obendrein viel aufregender als meine eigene Mutter. Sie roch nach Abenteuer, Genuss und Leben. Es brauchte lange, bis ich ein realistisches Verhältnis zu ihr fand. Keine leichte Aufgabe bei einer Frau, die mit Zigarettenspitze begraben wurde ... stellen Sie sich vor, die hatte sie sich mit ins Grab gewünscht. Diese, wie sie sagte, Lebensbegleiterin. Meine Großmutter ist für mich ein Mythos und keine Oma. Das weiß ich schon. Dennoch durchrieselt mich Aufregung, und ich bekomme eine Gänsehaut, wenn ich heute ihre echten Perlen trage.«

Interessant ist, dass die Geschichte ebenfalls von einer rauchenden Frau handelt. Einmal wird man billig, einmal Femme fatale. Welcher Familie wollen wir nun glauben, welche Richtung ist die rechte?

Auf Abwegen?

Jede Familie hat ihre eigene Geschichte, die mit einer Landkarte zu vergleichen ist. Das Land Ihrer Familie besteht seit vielen Jahren. Ständig, mit jedem neuen Menschen, wurde es verändert. Es wurden Häuser angebaut, Gärten bepflanzt, Gräben gegraben, Brücken errichtet, Umwege geschaffen, Straßen ausgebaut, Mauern hinbetoniert, Mauern abgerissen. Regeln, Werte und Normen geben bis heute an, wie man sich in diesem Land zu verhalten hat, damit man darin leben darf. Wer sich nicht daran hält, bekommt mit der Sippe Ärger. Erfahrungen werden auf dieser Karte eingezeichnet und weitergegeben. Großmutter sparte mit jedem Krümel, Mutter machte es genauso und Sie werden ebenfalls zu Sparsamkeit erzogen. Was unsere Eltern, Großeltern erlebten, bestimmt also auch unser eigenes Leben mit. Was schön gefunden wurde, wer geliebt wurde und wer nicht, wird an die nächste Generation überliefert. Oder es gibt so etwas wie einen Mythos, dem sich alle Familienmitglieder verpflichten. Zum Beispiel:

»Wir Müllers brauchen keine Hilfe, wir helfen uns selbst.«

»Wir Müller-Frauen sind starke Frauen. Wir haben unseren Haushalt, die Kinder, die Männer fest im Griff!«

Auch in unseren Eltern leben Ahnen, in denen wiederum Ahnen lebten. Auch unsere Eltern wurden fremdbestimmt, sahen in ihren Eltern das einzige Vorbild, das es gibt. Wir sind das Kind von Kindern. Manchmal sind wir den Menschen nicht einmal begegnet, die heute noch in unseren Eltern leben.

Um seinen eigenen, persönlichen, Weg zu finden, muss man dieses System erkennen. Erst dann kann man die Eltern aus ihrer übermächtigen Verantwortung entlassen und selbst erwachsen werden.

Lucette, 41 Jahre

»Ich bin geschieden und habe mich neu gebunden. Meine Eltern wussten lange nichts davon. Weder von der Trennung noch von dem Neuanfang. Erst dachte ich, es geht sie nichts an, ich bin schließlich erwachsen. Als ich diesem Gedanken nachfühlte, ihn auf seine Richtigkeit hin überprüfte, wurde mir auf einmal bewusst, dass ich schlicht und ergreifend Angst hatte. Was würden meine Eltern zu meiner Entscheidung sagen, wo sie selbst doch nie an eine Trennung gedacht hatten. Ich erkannte, dass das ihr Leben ist, das sie so für sich bestimmt hatten. Ich aber hatte meine eigenen Ideen. Meine Ideen müssen nicht zwangsläufig mit denen meiner Eltern gleich sein. Wir dürfen uns in Meinungen, Ansichten unterscheiden, weil wir drei erwachsene Menschen sind, die nun mal verschiedene Meinungen und Ansichten haben. Ab da war es nicht mehr so ein Drama für mich, sondern eine völlig alltägliche Situation.«

Lange Zeit sind wir auf der Landkarte unserer Eltern einfach mitgewandert, denn über diesen Kartenrand hinaus existierte für uns noch keine Welt. Je erwachsener wir wurden, desto öfter trauten wir uns, den Rand zu überschreiten. Heute, als erwachsene Frauen, haben wir uns unsere eigene Welt erschlossen und begonnen, unsere eigene Karte aufzuzeichnen. Wir entdecken Berge, Täler, Brücken. Malen uns Wüsten hinein und blaue Seen. Immer wieder jedoch, auch wenn es uns nicht bewusst ist, legt sich das alte Muster mit den Familien-Wanderwegen darauf. Das ist keine Fehlleistung Ihrer Karte, sondern liegt in der Natur der Familiensysteme begründet. Familienkarten sind reißfest, wasserfest, übermächtig und schwer loszuwerden. Wir können diese Familienkarten nicht auf den Speicher legen, nicht verbrennen oder mit dem Altpapier entsorgen. Keiner außer uns kann sie lesen, keiner will sie haben. Wenn das also nun so ist, machen wir doch das Beste daraus! Rollen Sie die Karte Ihrer Familie auf und verschaffen Sie sich einen Überblick. Wie sind die Wege angelegt? Welche Umgebung wurde vermieden, welche ausgebaut? Gab es einzelne Häuser oder musste immer gleich ein Dorf gegründet werden? Wer hatte das Sagen? Wie wurde bestimmt? Welche Rolle spielten die Frauen? Je genauer Sie die Karte Ihrer Eltern und Ihrer Sippe kennen, desto schneller fällt es Ihnen auf, wenn sich eine alte Straße auf Ihre neue, eigene Karte durchpausen will. Erst dann können Sie sich entscheiden, ob Sie diese Straße auch auf Ihrer Karte definitiv einzeichnen möchten oder nicht.

Werden Sie Pfadfinderin!

Welche Straße gehört in welches Land? Welche Wege wollen Sie nutzen, welche eliminieren? Aufgepasst: Nicht alle alten Straßen sind abgefahren! Viele haben einen guten Belag und sind Ihnen auch heute noch von Nutzen. Andere wiederum sind dringend reparaturbedürftig, haben große Löcher und Risse, in die man immer wieder fällt, oder sind einfach Sackgassen. Versuchen Sie diese brüchigen Straßen, Sackgassen, zu erkennen, zu reparieren oder wegzustreichen. Radieren Sie sie einfach aus! Aber nutzen Sie auch die Gelegenheit, um den eigenen Straßenbestand zu überprüfen. Gibt es unnötige Umwege? Ist eine Abkürzung möglich? Ist der tolle Weg in Wirklichkeit ein Trampelpfad, auf dem schon zu viele Ihrer Sippe gingen? Gibt es eine Baustelle, über die langsam schon Unkraut zu wuchern beginnt?

Studieren Sie achtsam Ihre Karte, denn hinter jeder Straße verbirgt sich nicht nur eine Sichtweise, nein, eine ganze Welt.

Je achtsamer wir mit unseren Gedanken werden, desto schneller erfassen wir, wann wir die Wege unserer Sippe gerade beschreiten. Wir merken auf, werden stutzig und schauen auf der Karte noch einmal nach. Manchmal stellen wir fest: »Hey, ich denke gerade wie mein Vater!«. Wenn Sie etwas mögen oder nicht mögen, fragen Sie sich warum. Forschen Sie nach, wer in Ihrer Familie ähnlich entschieden hätte. Fragen Sie sich danach erneut: »Will ich dieses Muster? Ist es überholt oder hat es gar nie in mein Leben gehört?« Wenn Sie dieses Muster in Ihrem Leben nicht mehr möchten, dann entscheiden Sie sich dagegen. Sprechen Sie es laut aus oder schreiben Sie es auf. Erkennen Sie das Verhalten oder Muster aber an. Irgendjemandem in Ihrer Sippe hat es einmal genutzt. Nur weil Sie es nicht brauchen, muss es nicht schlecht sein. In jeder Sache schlummert schließlich auch ein Gewinn. Vielleicht hat Ihnen das Muster lange Zeit ebenfalls genutzt. Egal ob Ihnen dies bewusst war oder nicht: Bedanken Sie sich für das, was Sie lernen durften, und verabschieden Sie sich dann freundlich.

Zum Beispiel:

Altes Muster:

In meiner Familie ist es Brauch, neuen Projekten mit äußerster Vorsicht gegenüberzustehen. Das Muster heißt: Aufpassen! Versteckte Fallen sind überall zu finden.

Würdigung:

Ihr, meine Eltern, musstet sehr vorsichtig sein, da ihr Krieg und Vertreibung erlebtet. Es wurde in dieser Zeit viel gesagt, was nicht der Wahrheit entsprach. Ihr musstet vorsichtig sein, um euch zu schützen.

Dank:

Ich danke euch, dass ich von euch lernen durfte, was Vorsicht ist.

Entscheidung:

Ich, Christine, entscheide mich aber ab jetzt dafür, meine Projekte zuversichtlich anzugehen.

Familienmuster haben einen großen Einfluss auf das Leben. Sie gestalten die Lebensumstände, die Lebensweise und auch das, was Sie als weiblich, männlich, kindlich einordnen. Ihre Einstellung dazu, was ›Frau‹ ist, wurde von Ihrer Sippe mitgeprägt. Auch was die Sexualität betrifft. Stellen Sie fest: Was für Ihre Mutter Schweinekram war, darf Ihnen höchste Lust bereiten.

Jede Frau hat das Recht, sich ihren Garten der Lust selbst zu gestalten. Möglicherweise hatte Ihre Mutter keinen Garten, sondern nur eine zementierte Veranda mit Blumentöpfen. Es war jedenfalls die Angelegenheit Ihrer Mutter, daran etwas zu verändern. Übernehmen Sie keine Verantwortung für fremde Muster, aber schauen Sie genau hin! Wie wurden erotische Frauen in Ihrer Sippe betrachtet? Wurden sie geachtet oder verpönt? Wie sprachen die Frauen untereinander über sich? War es erlaubt, seine Weiblichkeit zur Schau zu tragen, sich selbst zu genießen oder wurde man als ›heiß‹ beschimpft? Womöglich als

›sexuell hörig‹ abgestempelt? Suchen Sie nach den verwegenen ›Weibsbildern‹ in Ihrer Ahnenreihe. Wie ging man mit diesen Frauen um? Wie wurden sie bewertet, beschrieben? Erkundigen Sie sich auch, wie mit unerwünschten Schwangerschaften oder gar Vergewaltigungen umgegangen wurde. Wer trug die Schuld?

Betrachten Sie sich die Karte Ihrer Familie und hören Sie Ihren Eltern zu. Finden Sie heraus, wie aufwändig, schlicht, bunt oder trist das Frauenbild in Ihrer Familie gezeichnet wurde. Welche Farbstifte standen zur Verfügung? Dicke Wachsmalkreide oder nur Bleistifte? Wie lebten die Frauen ihre Zärtlichkeit? Wurden die Kinder umarmt, geschmust, geknuddelt? Gingen Vater und Mutter zärtlich miteinander um? War die Schwingung in der Familie warm und wohlig, freute man sich aufeinander, oder war der Ton, der angeschlagen wurde, eher streng und geschäftsmäßig? Wie sah der Garten der Lust aus? Wurden Eros und Venus geehrt oder war, da praktischer zu pflegen, nur Kunstrasen vorhanden? Wenn Sie auf Ihrer Karte einen Sand aus Steinen entdecken, machen Sie einen Sandstrand daraus! Tragen Sie die Steine, wenn es sein muss, einzeln weg. Sie sind die Architektin und haben das Sagen. Was immer Sie sich wünschen, kann geschehen. Was immer nicht mehr sein soll, darf verschwinden.

Die Mythen und Sippengeschichten Ihrer Familie haben dazu beigetragen, wie Sie sich heute als Frau erleben. Es liegt an Ihnen, »Hallo!« oder »Lebe wohl!« zu sagen.

Eine Familienskulptur erstellen – der Verzeihungsprozess

Sich mit der eigenen Familie zu versöhnen, bedeutet, in der Familie frei zu sein. Wir bleiben unseren Familien treu und bringen etwas Neues hinein. Diese Übung soll Ihnen helfen, das System Ihrer Ursprungsfamilie zu verstehen sowie die Rollen und Regeln, die die einzelnen Familienmitglieder in diesem System verkörpern. Zu erspüren, was die einzelnen Familienmitglieder dazu bewegte, so zu agieren, wie sie agierten, welche Sehnsüchte sie nicht lebten oder leben, hilft uns, unseren eigenen Platz im Leben zu finden. Seine eigenen Sehnsüchte zu erspüren und leben zu dürfen, ist wie ›nach Hause‹ finden, ein Geborgen- und Angenommensein. Durch das Kennenlernen der verschiedenen Gefühle, Gedanken und Rollenbilder wird auch unser eigener Handlungsrahmen offener und weiter. Wir werden dadurch bereit zu verzeihen und diese Versöhnung macht uns frei.

 **Übung**

Wenn möglich, machen Sie diese Übung mit einem Partner Ihrer Wahl. Sie können sich auf diese Weise gegenseitig besser unterstützen und befragen.

Machen Sie sich alle Personen bewusst, die Ihnen von der mütterlichen und väterlichen Linie, mindestens bis zu den Großeltern (besser bis zu den Urgroßeltern), bekannt sind. Wichtig sind auch alle die Menschen, die für Ihre Familie in irgendeiner Weise wichtig sind oder waren und die deswegen in die Familie integriert waren.

Schreiben Sie jeden Namen auf eine Karte. Nun verteilen Sie die Karten so im Raum, wie Sie annehmen, dass sich die lebenden Personen alle zusammen in den Raum gestellt hätten. Wer würde sich zu wem hinstellen, wer mehr den Abstand suchen? Suchen die Kinder mehr die Nähe der Mutter oder mehr die des Vaters oder stehen sie zwischen den Elternteilen? Vermerken Sie mit einem Pfeil auf den Karten, wohin sich der Blick der jeweiligen Person richtet.

Wenn alle Karten verteilt sind, stellen Sie sich nacheinander auf jede der Karten. Schließen Sie dabei die Augen und spüren Sie nach, wie es dem jeweiligen Familienmitglied, dessen Name auf der Karte steht, auf diesem Platz ergeht. Fühlen Sie die Qualität des Platzes, die Emotion des Familienmitglieds. Welche Sehnsüchte werden nicht gelebt? Was für Erwartungen und Ängste können Sie erspüren? Welche Freude, welche Zuneigung?

Lassen Sie sich Zeit!

Blicken Sie nun in die ›Runde‹ und betrachten Sie sich die anderen Karten/Personen. Welche Verbindung hat dieser Mensch zu den anderen Karten/Personen? In welche Richtung blickt er gerne? Was für ein Körpergefühl stellt sich bei Ihnen ein? Welche Gedanken kommen Ihnen spontan und unbeabsichtigt? Fahren Sie in dieser Weise fort, und stellen Sie sich auf jeden Platz, jede Karte.

Als nächsten Schritt betrachten Sie sich das System nun von außen. Wie wäre es, wenn jedes Mitglied seine Sehnsüchte leben würde? Erinnern Sie sich: Jeder hat zu seiner Zeit das Beste gegeben. Jedes Verhalten war notwendig, so wie es war. Nun ist es an der Zeit, die unterdrückten Wünsche und Träume zu leben!

Gehen Sie in Ihr ureigenstes Wohlgefühl. Es ist eine Art innere Quelle, ein Gefühl der Ruhe, des Auftankens, welches wir oftmals in der Natur empfinden, bei einem Sonnenuntergang oder an einem Strand. Es ist unsere Verbindung zu unserem Unterbewusstsein, manche sagen auch ›zur alten Seele‹. Wenn Sie diese Kraft bewusst in sich spüren, lassen Sie sich von Ihrem Unterbewusstsein auf den Platz führen, auf den sich die Familienmitglieder stellen würden, könnten sie ihre Sehnsüchte voll und ganz leben.

Erstellen Sie eine neue Skulptur, in der es allen Familienmitgliedern subjektiv gut geht. Stellen Sie sich wieder auf die Karten und spüren Sie nach.

Sicherlich tauchen alte Familienwerte, Rollenbilder und Regeln auf, die Sie gerne transformieren möchten. Werden Sie sich all dieser Regeln und Werte bewusst, denn diese Regeln und Werte bestimmen Ihr Leben mit. Nur das, was uns bewusst ist, können wir verändern oder loslassen.

Heilige oder Hure – Frau sein ist gefährlich

Einst lebte ein kleines Mädchen, das sah aus wie viele kleine Mädchen am Tag der Einschulung. Es hatte die Haare zu Zöpfen geflochten, trug ein hübsches Röckchen und eine süße Bluse. Es war weder dick noch dünn, weder hässlich noch schön. Es war einfach ein kleines Mädchen, das durch seine Aufregung bezauberte.

Wie würde es sein, ab jetzt jeden Tag in die Schule zu gehen? Ob die anderen Kinder sie wohl mögen würden? Besonders die Jungs, die waren doch immer so komisch ... und die Lehrerin, ob die wohl nett war? Als die Eltern gegangen waren und die Erstklässler voll glühender Erwartung in den Bänken saßen, erzählte die Klassenlehrerin, was sie alles im ersten Schuljahr lernen würden und was sie alles brauchten. Buntstifte und Wachsmalkreide, einen Farbkasten, einen Füller und für den allerersten Anfang eine Tafel. Die Lehrerin ging auf und ab, fragte nach den Namen, erzählte ein wenig von der Schule und was die Kinder alles bald schon können würden. Das kleine Mädchen saß atemlos auf seinem Stuhl. Es vermochte kaum zuzuhören, denn alles war so spannend und die Lehrerin war ja so schön! Es war die schönste Frau, die das Mädchen je gesehen hatte. Sie war jung, hatte blonde, lockige

Haare, einen roten Mund, glitzernde Ohrringe und trug ein eng anliegendes Kleid. Ihre Augen waren blau und strahlten, die Fingernägel waren lang und rot. Das Mädchen war von all der Schönheit ganz benommen. Von diesem Augenblick an gab es, neben dem Unterricht, noch einen anderen Grund, in die Schule zu eilen: die Lehrerin. Jeden Tag himmelte das Mädchen die junge Frau an. Beobachtete, wie sie die Locken beim Lachen nach hinten warf. Bemerkte, welche Kleider ihr besonders gut standen (die engen, kurzen!) und war betört von dem Duft, der von der Lehrerin ausging. Wenn die Sonne durch das Fenster auf ihr Haar fiel, glänzte es und der Schmuck am Hals begann zu glitzern und zu funkeln.

Eines Sonntags, nach dem Mittagessen, saß das Mädchen mit seinen Eltern zusammen, und irgendwann fragte die Mutter: »Na, und wie willst du sein, wenn du mal groß bist? Wie ich oder wie der Papa?« Das kleine Mädchen musste nicht lange nachdenken, aber trotzdem stieg ihm vor Aufregung die Röte ins Gesicht. Stammelnd gab sie ihr Geheimnis preis: Das Mädchen wollte so werden wie die Lehrerin! So schön, so schmal. Wie die Lehrerin wollte sie dann eng anliegende Kleider tragen, sich genauso kokett auf den Pultrand setzen und die Beine übereinander schlagen. Sie wünschte sich lange, lockige Haare, einen roten Mund und so ein glucksendes Lachen.

Noch ehe das Mädchen fertig erzählt hatte, stand die Mutter auf, um die Teller abzuräumen. Der Vater zündete sich kopfschüttelnd eine Zigarette an und sagte, während er desinteressiert in seine Zeitung sah: »Ach was? Die sieht doch aus wie eine Nutte!«, und aus der Küche pflichtete ihm die Mutter lauthals bei. Gemeinsam, ohne das Mädchen weiter zu beachten, zogen sie über die Lehrerin her, deren lange Haare, die roten Lippen, den Schmuck und machten sich über die schönen Kleider lustig.

Das Mädchen saß ganz ruhig da, und obwohl es nicht wusste, was eine Nutte war, spürte es doch, dass es nicht gut war, so zu sein. Etwas an der Lehrerin war nicht in Ordnung. Etwas, was das Mädchen bislang noch nicht bemerkt hatte. Warum sonst schimpften die Eltern denn so laut! Das Mädchen hatte sich irgendwie vertan ... es fühlte sich auf einmal furchtbar schlecht. Von nun an schämte sich das Mädchen, wenn die Lehrerin fröhlich und hüfteschwingend durch das Klassenzimmer spazierte.

Als das Mädchen selbst eine erwachsene Frau war, trug sie immer gedeckte Farben. Sie hatte ein bisschen Übergewicht, ihre Haare waren kurz und unauffällig geschnitten. Sie besaß weder hohe Schuhe noch eng anliegende Kleider. In ihrem Badezimmer fand man weder Lippenstift noch Rouge. Aber immer, wenn sie auf der Straße spazieren ging, sich die Frauen betrachtete oder die Models auf den Plakaten, spürte sie ein schmerzvolles Ziehen in der Brust. Das war die alte Sehnsucht, die sich meldete.

Selbst zur Frau geworden, hatte das Mädchen die Lehrerin zwar vergessen, aber der Wunsch, sich so hübsch anzuziehen wie diese, ebenso gurrend zu lachen, glitzernden Schmuck zu tragen, war noch immer brennend da. Das Mädchen, die Frau, hat es nur nicht mehr direkt gespürt. Sie konnte das Ziehen nicht einordnen, fand die Wurzel des Schmerzes nicht.

Erziehungsideale oder der Verlust von Träumen

Das ist eine traurige Geschichte – und leider ist sie nicht erfunden, sondern wahr. Unsere Eltern hatten eine enorme Macht, wenn es darum ging, uns unsere Träume zu zerstören. Oft geschah dies aus Unachtsamkeit, aber noch häufiger aus einer Art Unwissen. Die wenigsten Eltern ahnten, welche Katastrophen sie auslösten. Kinder waren doch nur Kinder! Als ich Kind war, hatten Kinder für manche Erwachsene ›noch keinen Verstand‹ und wurden insofern auch nicht ernst genommen. Ich bin mir fast sicher, sie hatten auch noch keine Seele ...

Je weiter wir in der Menschengeschichte zurückgehen, desto unbekannter und uninteressanter waren Kinderseelen für die Eltern. Das hatte einen Sinn und dieser Sinn hieß ›Schutz‹. Im 19. Jahrhundert war die Kindersterblichkeit noch so hoch (nahezu die Hälfte aller Kinder starben bereits im ersten halben Jahr), dass es besser war, sich innerlich nicht so sehr an sein Kind zu binden. Abschiede waren auch damals schon sehr schmerzhaft. Die Kinder, die überlebten, hatten zu arbeiten, für die Familie mitzusorgen. Sie passten auf die kleineren Geschwister auf, sammelten Holz oder gingen im Haus zur Hand. Die Fürsorge, die wir heute unseren Kindern angedeihen lassen, gab es gar nicht und wenn, dann nur in Ausnahmefällen. Die Freude am Kind konnte erst mit der Zeit und dank verbesserter Lebensumstände wachsen. Unsere Ahnen hatten davon nicht genug.

In den 60er-Jahren wurden Kinder zwar geliebt, aber noch nicht richtig ernst genommen. Man erzog Kinder teilweise noch im Stil der eigenen Eltern oder frei nach dem Bibelmotto: »Wer sein Kind liebt, der züchtige es!« Kinder galten als robust, kannten kein Kopfweh, bauten mit Legosteinen und setzten sich an Fasching ein Prinzessinnenkrönchen auf.

Dass diese Mädchen sich dann auch tatsächlich in Prinzessinnen verwandelten, blieb in der Regel unbemerkt. Kinder hatten noch keine große Lobby. Wie auch? Unsere Eltern setzten sich ja nicht einmal mit ihrer eigenen Seele, ihren eigenen Träumen auseinander! Kinder waren im Wachstum. Es ging nicht um Psyche, sondern um gute Noten und einen geraden Rücken. Sie sollten mit der rechten Hand schreiben und keine Tintenkleckse machen.

Die Eltern des Mädchens waren also keine Rabeneltern. Sie handelten so, wie viele andere Eltern auch. Es war die Methode von damals. Gut gemeint, aber nach heutiger Erkenntnis sehr destruktiv. Träume waren keine Wegweiser, sondern Spinnereien. Die Desillusionierungen wirken nach. Wenn wir uns heute an diese Momente erinnern, tut es noch immer ein wenig weh.

Gerti, 35 Jahre

»Als ich in die zweite Klasse ging, war das ›Cowgirl‹ die große Richtung für mein Leben. Dereinst wollte ich frei und wild mit den Cowboys über die Prärie ziehen. Die Leute von der Shiloh Ranch besuchen und bei denen von Bonanza einen Teller Bohnensuppe essen. Mit Ruß im Gesicht, dem Lasso in der Hand, den Cowboyhut keck im Nacken. Eine richtige Frau unter richtigen Männern. Ein Cowgirl, yeah! Wenn ich Bilder malte, dann konnte man darauf Pferde, eine Ranch und, hinter den blauen Bergen, das lodernde Feuer der Indianer sehen. Voller Eifer gestand ich meiner Mutter eines Tages meine Vision: Wenn ich erwachsen bin, will ich auf einer Ranch wohnen! Ein Cowgirl unter Cowboys, yeah! Ich sehe noch heute meine Mutter, wie sie unbeeindruckt weiterbügelte. Mein flammendes Bekenntnis hatte sie nicht erreicht. ›Weißt du denn nicht, was Cowboy übersetzt heißt?‹, fragte sie mich nebenbei. Selbstverständlich wusste ich das nicht ... ›Kuhjunge!‹, klärte sie mich belustigt auf. O je! Selbst an den Tonfall ihrer Stimme kann ich mich noch heute erinnern und auch daran, wie in Sekundenschnelle meinem tollen Bild samt Bohnen, Feuer und Pferdetränke die Luft ausging. Kuhjunge! Pfffft ... Aus dem Cowboy war ein einfältiger Hirte geworden und aus dem Cowgirl so etwas wie ›Heidi‹. Mein Traum war blass geworden, fast peinlich.

Kein Sex war mehr darin zu finden. Kein Thrill. Keine Freiheit. Keine Prärie. Kein Flirt. Nichts. Eine Flamme war erloschen. Die große Kerze hatte sich als Teelicht entpuppt. Die Kraft, die Magie, verpuffte innerhalb weniger Sekunden. Heute kann ich darüber lächeln. Damals tat es richtig weh.«

Nun, die meisten Mütter waren zwar oft ungehalten über ihre Kinder, aber in den wenigsten Fällen, wollten sie ihnen etwas heimzahlen oder sie quälen. Ich wage sogar zu behaupten, dass sich Gertis Mutter an diesen eindrucksvollen Moment nicht einmal mehr erinnert. Sicherlich war es für sie ein flotter Wortwechsel gewesen. Eine amüsante Plauderei. Möglicherweise war sie sogar noch stolz, weil sie Gerti ein englisches Wort übersetzen konnte. Im Nachhinein ist das oft nicht mehr zu klären.

Genauso wenig wie unser Mädchen aus der Eingangsgeschichte je erfahren wird, was ihre Eltern wirklich dazu trieb, so grob über die Lehrerin zu reden. Vielleicht waren sie einfach eifersüchtig. Vielleicht versuchten sie, ein drängenderes Problem auf diese Weise zu überdecken. Vielleicht waren sie auch einfach – ganz banal – darüber froh, sich wenigstens einmal in einer Sache ›einig‹ zu sein.

Was immer es auch war, welcher Grund, welcher Anlass sich dahinter versteckte, das Porzellan ist bis heute zerschlagen, und weder das kleine Mädchen von damals noch die junge Frau von heute können etwas daran ändern. Es kitten da keine rückwirkenden Gespräche, kein Bereuen, keine Entschuldigung mehr. Das Mädchen muss lernen, mit diesem Verlust zu leben. – Tatsächlich?

Ein Hoch auf die Vorbilder!

Nun, es gibt noch eine andere Sicht der Dinge und die könnte möglicherweise doch noch etwas retten: Das Porzellan ist zwar zerschlagen, aber da die Eltern das Klirren nicht hörten, haben sie die Scherben weder aufgekehrt noch weggeschmissen. Eine Weile sah das zwar sehr unordentlich aus, aber heute kann das Mädchen froh darüber sein. So wie Gerti, denn auch ihre ›Cowgirl-Scherben‹ liegen in ihrem Unterbewusstsein noch irgendwo herum. Und vielleicht haben Sie Ihr eigenes zerschlagenes Porzellan auch schon gefunden.

Wie wäre es, die Stückchen einzusammeln und die Skulptur zusammenzukleben? Mal sehen, welche Skulptur dabei herauskommt und was wir davon heute noch gebrauchen können! Denn eines steht fest: Wenn die Scherben heute nicht mehr zu etwas gut wären, wären sie auch nicht mehr da. Unsere Seele hätte sich, schlau wie sie ist, ihrer auf einfachem Weg entledigt. Da sie aber noch vorhanden sind, sollten Sie ausnahmsweise mal die ordentliche Hausfrau geben. Also lassen Sie uns kehren, sammeln, kleben und tapfer sein, falls sich bei genauerer Betrachtung der Skulptur erst einmal etwas findet, das uns nicht gefällt.

Maike, 39 Jahre

»Ich bin das kleine Mädchen, das die Lehrerin bewunderte. Tatsächlich weiß ich nicht einmal mehr, wie diese Frau hieß. Ich habe bis vor einem halben Jahr keinen Lippenstift getragen und wenn Parfum, dann nur eines mit einem ganz frischen Duft. Irgendwann kam dann aber der Tag, an dem ich keine Lust mehr hatte, so maskulin zu wirken. Ich war als Frau geboren und ich wollte als Frau leben! Es sollte ein Genuss sein und keine Angelegenheit, die man verdeckt. Durch Zufall traf ich auf einen Frauengesprächskreis. Je intensiver ich mich mit meiner Geschichte beschäftigte, desto mehr Einzelteile waren zu erkennen. Schritt für Schritt kam ich meiner Seele auf den Grund. Die Erinnerung an die Lehrerin wurde auf einmal wieder wach. Ich wusste wieder, wie sie aussah und was mir so gut an ihr gefiel. Erinnerte mich auch daran, wie ich gerne gewesen wäre. Die Gespräche, das Erzählen darüber machten mir Mut, mehr von dem zu leben, was ich leben wollte: Fraulichkeit! Natürlich war es für mich schwer, als ich mich zum ersten Mal geschminkt auf die Straße wagte. Ich fühlte mich wie kostümiert und schämte mich ein wenig, so herumzulaufen. Dabei hatte ich an dem Tag nicht einmal etwas Auffälliges an. Ein Teil in mir hätte sich gerne wieder verkrochen, doch meine Sehnsucht war stärker als die alten Bundfaltenhosen. Ich ließ meine Haare wachsen, kaufte mir weitere Lippenstifte, Lidschatten, Wimperntusche. Dann nahm ich fünf Kilo ab, denn ich wollte, dass meine neuen Kleider hübsch an mir aussahen. Eng anlagen! Als ich mich zum ersten Mal geschminkt und in einem kurzen Kleid betrachtete, glaubte ich die Stimme meines Vater noch einmal zu hören. ›Du siehst aus wie eine Nutte!‹ Aber eigentlich war sie für mich da bereits nicht mehr so recht real. Was er sagte, klang in meinen Ohren fremd. Wie durch Nebel. Ich hatte bereits verstanden: Mit seinen Worten hatte ich nichts zu tun. Ich war keine Nutte und meine damalige Lehrerin war sicherlich auch keine gewesen. Wir waren beide nichts anderes als schöne Frauen! Welches Problem er und meine Mutter auch immer damit hatten. Anfänglich war es für mich schwierig, diese Frau in mir kennen zu lernen, zu lieben und anzunehmen. Wir waren uns die erste Zeit sehr fremd. Die alten, abwertenden Gedanken kamen immer mal wieder hoch. Manchmal fühlte ich mich wie auf Stelzen, manchmal wie in eine Wursthaut gepresst. Dann erinnerte ich mich an meinen Kindertraum und ging trotzdem auf diesem Weg weiter. Irgendwann kam dann auf einmal der Moment, als ich mir ein auffällig geschnittenes T-Shirt kaufte und dabei nicht überlegte, ob ich das darf, ob es sich schickt und wie ich darin aussehe. In diesem Augenblick wusste ich, dass eine Veränderung mit mir geschehen war. Es war ein deutliches Zeichen für mich. Eine Neugeburt. Ich habe diesen Geburtstag ausgiebig gefeiert!«

Von ›Nervensägen‹ lernen

Dazu hatte Maike auch allen Grund, nicht wahr? Lange genug hatte sie einige Sichtweisen ihrer Eltern mit sich herumgeschleppt. Zeit, Ballast abzuwerfen und leichte Sommerkleidchen anzuziehen! Maike hat sich oft an ihre Lehrerin erinnert. Diese Frau war ihr ein Vorbild, ein Modell. Die Lehrerin hatte irgendetwas, das Maike gut gefiel. Sicherlich war es nicht allein das Aussehen, sondern vielmehr die Ausstrahlung, die Aura. Möglicherweise auch eine Art von Selbstverständlichkeit, sich als Frau zu fühlen.

Wir alle suchen uns Vorbilder, um zu lernen, und jede von uns hat ein anderes Modell in Sachen ›Frau‹. Wir beobachten Frauen, auch wenn wir schon längst erwachsen sind, und gleichen sie mit unseren eigenen Vorstellungen ab. Wollen wir auch so sein, uns so verhalten? Möchten wir etwas Ähnliches anziehen? Gefällt uns die Frisur oder finden wir die Frau insgesamt schlicht und ergreifend nur unmöglich. Aber selbst wenn Letzteres der Fall sein sollte, können uns diese Frauen ein Vorbild sein. Beziehungsweise wir können etwas von ihnen lernen.

Claudia, 36 Jahre

»Letztens beobachtete ich auf einer Party eine Frau, die unglaublich exaltiert tat. Sie war so eine, die mit gespreizten Fingern ihren Kaffee umrührt. Beim Sprechen machte sie ein Mündchen, rollte mit den Augen und fuhr sich mit den

Fingern dauernd durch das Haar. ›Wie eine Barbie-Puppe!‹, dachte ich. Ich war von ihrem affektierten Getue so genervt, dass ich mich noch am nächsten Tag darüber aufregte. Konnte es denn sowas geben! Am übernächsten bekundete ich ihr gegenüber allergrößtes Mitleid: ›Ach, die arme Kleine ... kein Selbstwertgefühl vorhanden!‹ Am Tag darauf musste ich zerknirscht gestehen, dass ich auf die Frau sauneidisch war! Weil sie es wagte, so fein zu sein, so dünnhäutig. Ich wollte, ich wäre auch manchmal so zart, gestand ich mir schweren Herzens. Ich gebe mich nämlich immer viel handfester, als ich eigentlich bin. So robust.«

Wichtig ist also gar nicht, wer diese nervende Person tatsächlich ist, sondern wovon Sie sich genervt fühlen. Was dieser Mensch in Ihnen auslöst. Das, was uns stört, wünschen wir uns oft insgeheim für uns selbst. Oder wir wissen unbewusst, dass wir ein ähnliches Verhalten haben. Das nennt man dann Projektion oder Spiegelung. Uns stört am Gegenüber, was uns an uns selber stört. Nur, dass wir es nicht wahrhaben wollen. Wir tun so, als hätten wir damit gar nichts zu schaffen. Es kann allerdings sehr interessant sein, sich nicht auf der Stelle abzuwenden, sondern einen Augenblick lang in sich hineinzuhören. Wie Claudia, die ein Bedürfnis bei sich selbst erkannte.

Sollte also eine solche Frau Ihren Weg kreuzen, dann denken Sie erst ein paar Sekunden nach, bevor Sie schreiend die Flucht ergreifen. Setzen Sie sich hin, trinken Sie einen Kaffee und überlegen Sie sich genau: Was ärgert Sie an Ihnen selbst? Oder: Was hat diese Frau, was Sie gerne hätten? Was können Sie ›gebrauchen‹? Welche Seite von Ihnen möchte noch ein bisschen entwickelt werden? Ist es Erotik? Weichheit? Der Gang? Die Zickigkeit (kann eine Menge Spaß machen!)? Was hat Sie bislang davon abgehalten, diesen Teil zu leben? Wie würde es sich anfühlen, ein bisschen was von dieser Frau zu kopieren? Abzuschauen und in das eigene Leben zu integrieren?

Keine Angst, das tut niemandem weh. Es geht nur darum, Ihre ›Persönlichkeitstorte‹ zu verzieren. Je mehr wir es wagen, uns anzunehmen, desto bunter wird der Kuchen. Blicken Sie sich also um und holen Sie sich, was Sie brauchen.

Persönlichkeitstorten müssen bunt sein! Also, seien Sie unverschämt, werden Sie laut und äußern Sie Wünsche! Eine fette Buttercremetorte mit Marzipanrosen ist auf jeden Fall imponierender als ein Hefekranz mit ein paar trockenen Rosinen!

Hol dir, was du brauchst: Behavior Generator

Gibt es eine Situation, in der Sie sich gerne anders verhalten würden als bisher? Und haben Sie auch eine Vorstellung, wie das aussehen könnte? Gibt es eine ›Lehrerin‹, ein ›Cowgirl‹ in Ihrem Leben? Jemanden, der sich in der von Ihnen genannten Situation genauso verhalten würde, wie Sie sich das von sich selbst wünschen? Welche Person, welchen Star haben Sie als Kind bewundert oder bewundern Sie heute? Handelt es sich dabei um eine Kollegin, eine Nachbarin oder einen Menschen in Ihrer Fantasie? Denken Sie nach! Es ist egal, ob Sie die Person kennen, ob sie real existiert oder Sie sich diesen Menschen ausgedacht haben. Wichtig ist nur, dass Sie für sich erkennen, in welcher Situation Sie diesem Menschen gleichen möchten. Vielleicht geht es Ihnen um ein bestimmtes Auftreten, um einen bestimmten Charme? Vielleicht wollen Sie offener auf Menschen zugehen, selbstbewusster sein? Genauso wie …

Ja? Wie? Finden Sie Ihr Modell heraus. Von Modellen zu lernen ist die älteste, vitalste und effektvollste Methode zu lernen, die es gibt. Als Kinder haben wir auf diese Weise völlig automatisch gelernt.

➤ ➤ ➤ **Übung**

Markieren Sie sich eine Position A in Ihrem Zimmer und eine Position B. Gehen Sie ein Stück zurück und stellen Sie sich Ihr Modell auf Position A vor, sich selbst auf Position B. Stellen Sie sich Ihr Modell in der konkreten Situation vor und beobachten Sie, wie es sich verhält. Wie bewegt es sich? Wie sieht es aus? Welche Kleider trägt es und vor allem: Wie trägt es diese? Wie ist der Ausdruck des Gesichtes, der Körperhaltung? Stolz? Anmutig? Sexy? Warmherzig? Selbstbewusst? Können Sie die Stimme hören ... riechen Sie ein Parfum? Gefällt es Ihnen, wie sich das Modell verhält und möchten Sie dieses Verhalten wirklich haben? Überprüfen Sie Ihre Haltung! Nun übertragen Sie gedanklich, visuell alle diese Attribute auf sich selbst. Stellen Sie sich vor, wie Sie immer mehr Ausdruck von Ihrem Modell übernehmen. Jedoch: Ihre eigene Persönlichkeit und die Ihres Modells bleiben dabei unangetastet! Es geht um das Auftreten, das äußere Erscheinungsbild, nicht um Gefühle. Schlüpfen Sie einfach in die Haut des Modells und überprüfen Sie, wie Ihnen das gefällt.

Möglicherweise bekommen Sie eine andere Frisur oder Figur, neue Ohrringe, höhere Schuhe, einen geraderen Rücken, ein strahlenderes Lächeln ... finden Sie es heraus. Klären Sie erneut, ob Sie dieses Verhalten möchten oder ob es möglicherweise unangenehme Folgen hat. Betrachten Sie sich nach der Übertragung. Gefallen Sie sich? Möchten Sie so sein, wie Sie sich jetzt, auf der Position B, sehen?

Dann nichts wie los! Gehen Sie zu diesem Punkt B, positionieren Sie sich darauf und stellen Sie sich vor, Sie könnten in diese neue Haut, diesen neuen Lebensausdruck, wie in einen Taucheranzug schlüpfen. Fangen Sie bei den Füßen an und ziehen Sie den Anzug hoch, bis über den Kopf. Ziehen Sie mit dem Anzug all das an, was Sie auch so gerne hätten. Keine Angst, Sie nehmen Ihrem Modell nichts weg! Holen Sie sich, was Sie brauchen. Stellen Sie sich vor, wie Sie mit dem Taucheranzug dasselbe Kleid anziehen, das Lächeln, das Ihnen so gut gefällt. Duften Sie vielleicht auch schon ein bisschen anders? Übertragen Sie alles, was prägnant und wichtig ist. Dann gehen Sie noch einmal im Raum umher. Können Sie eine Veränderung feststellen? Spüren Sie Ihre neue Haut? Geht es Ihnen gut? Spazieren Sie ein bisschen im Zimmer umher ... wie fühlt sich das an? Liegt Ihre neue Haut, der Taucheranzug, vielleicht noch ein bisschen eng an? Das macht nichts, das gibt sich mit der Zeit.

Jetzt treten Sie nochmal ein Stück zurück und betrachten Sie sich wieder beide Punkte. Das Modell und sich selbst. Sie sehen nun schon sehr verändert aus, aber vielleicht fehlt ja noch immer etwas? Wenn ja, dann nichts wie hin! Bedienen Sie sich noch einmal und gehen Sie erneut mit der ›neuen Haut‹ im Raum spazieren. Holen Sie sich, was Sie brauchen ... so lange, bis es für Sie stimmt!

Iss doch nicht so viel!
Der ewige Kampf

Micaela, 31 Jahre
»Ich wollte nie Kinder. Das Einzige, was ich schwangeren Frauen wirklich neide, ist, dass sie dick werden dürfen. Schwangere Frauen können essen, was sie wollen, und niemand redet ihnen etwas rein. Sie dürfen kugelrund werden, und keiner meckert darüber. Das hätte ich auch gerne einmal für mich erlebt. Mich nicht kontrollieren zu müssen und einfach dick sein zu dürfen.«

Ist das nicht unser aller Traum? Endlich richtig schlemmen, ohne dass die Waage am nächsten Tag eine Gewichtszunahme zeigt? Süßigkeiten, Pommes, Chips und Wein. Große, teure Menüs. Desserts. Champagner. Essen, ohne sich darüber Gedanken machen zu müssen. Den meisten Frauen war diese Gnade niemals gegeben. Seit sie kleine dicke Mädchen waren, leben sie in ständiger Kontrolle – wollen essen, sollen essen, aber dürfen es eigentlich nicht. Nicht umsonst leiden so viele Frauen an Essstörungen der unterschiedlichsten Art. Schon Susie Orbach diskutierte in ihrem *Anti-Diätbuch* diese Diskrepanz. Die altgediente Rolle bestimmt für eine Frau, dass sie gut kocht, sich für Rezepte interessiert, die Lieben zu Hause verwöhnt und den Kindern dicke Pausenstullen schmiert. Papa isst ein Steak mit Pommes und Salat. Kind isst Pommes und Salat. Frau isst Salat. Dabei finden es Männer – das haben mehrere Umfragen ergeben – sehr sinnlich, wenn Frauen lustvoll genießen. Das Salatblattgetunke ist kein schöner Anblick. Frauen sollen schwelgen, Nachschlag holen. Nur zunehmen sollen sie bitte nicht. Mit der Erotik ist es dann nämlich ganz schnell vorbei.

Auch wenn wir uns nicht persönlich kennen, sind wir doch in diesem Geiste Schwestern. Der Kampf mit den Pfunden vereint selbst Frauen, die ansonsten kein Glas Wasser miteinander teilen würden. Zitternd auf der Waage sind wir alle gleich. Nahezu jede Frau kennt den Druck der Fett-Tabellen und das sehr oft schon von Kindesbeinen an. Kleine Dicke werden oft große Dicke. Und selbst, wenn die Pfunde gefallen sind und das Bindegewebe wieder straff ist, fühlen sie sich noch so. Menschen, die sich vor ihrem Gewicht fürchten, sind bei jeder Mahlzeit wachsam. Sie disziplinieren sich, wollen sich nicht vergessen, möchten nicht als verfressen gelten und beneiden insgeheim all die Naturwunder, die einfach essen können, was sie wollen.

Manu, 34 Jahre

»Als ich 22 Jahre alt war, lebte ich mit ein paar Leuten zusammen. Eine von ihnen hieß Maren, war so alt wie ich, hatte aber einige Kilos weniger am Körper. Die war so richtig dünn, von Kindesbeinen an, und hatte keine Ahnung, wie sich das anfühlt, wenn die Hose auf einmal kneift. Als Maren schwanger wurde, stöhnte sie immer nach jeder Untersuchung, weil der Arzt sie zu mehr Essen ermahnt hatte. Maren hatte wieder kein Gramm zugenommen, obwohl sie sich doch so mühte! Abends heulte sie sich bei mir am Abendbrottisch aus. Sie musste essen, obwohl sie keinen Hunger mehr hatte. Ich saß daneben mit einem Riesenkohldampf und wusste ganz genau: Noch eine

Schnitte, ein Glas Wein und morgen wiege ich wieder mehr. Neben mir diese Frau, die sich die Brote reinquälte. Also, das war mir schon eine verhasste Situation! Als würde das Schicksal sich eins grinsen! Sie hatte es einfach besser als ich. Und das Beste: Sie ist bis zum heutigen Tag so schlank geblieben! Trotz Sahnezulage ...«

Ja, das Leben ist ungerecht. Ganz besonders in diesem Punkt. Wir hungern nach einer Figur, die nur von einem Bruchteil der Frauen je erreicht wird, nämlich von Models, die sich mit nichts anderem als mit ihrem Körper beschäftigen und die Qualen erleiden, um diesen Vorgaben zu entsprechen. Wir wissen von Essstörungen, Drogen, Depressionen, aber egal ob kleine Schwester, Cousine, Mutter, Oma, alle wollen so sein wie sie. Alle wollen abnehmen. Jede findet sich zu dick. Ich habe noch nie eine Gruppe Männer so erschöpfend über dieses Thema reden hören. Sollte sich daran je etwas ändern, möge mir Gott erlauben, diesen Tag noch wachen Geistes zu erleben, also den Tag, an dem die Diätlast auch von Frauen fällt. Bis zu diesem Tage X werden Frauenzeitschriften allerdings weiterhin noch sagenhafte Quoten erreichen, wenn nur auf dem Titelblatt irgendeine Versprechung mit Diät steht. Die Superdiät. Die Blitzdiät. Die Gute-Laune-Diät. Die Diät ohne zu hungern. Jugendlichen werden einfachere Diät-Modelle angeboten.

Als ich Teenager war, stopfte ich mich zum Beispiel mit Eiern (Die Eier-Diät) oder Kartoffeln (Die Kartoffel-Diät) voll. Heute gibt es für das zahlungskräftige Dickerchen diverse Hilfen aus der Apotheke. Wir finden Tabletten, Pülverchen und Angerührtes, dass nicht nur dem Gourmet das Grausen kommt, soll er sich vorstellen, etwas davon zu schlucken. Frauen sind, wenn es um den Verlust von Kilos geht, nicht zimperlich und zahlen dafür gerne eine Menge Geld. Es wäre doch auch zu schön, diesen Körper endlich zu bezwingen! Nach all den Jahren, all den Versuchen, all den kritischen Worten:

Nun iss doch nicht so viel.

Na, heute schmeckt es wieder, gell?

Das ist aber eine ziemliche Kalorienbombe.

Ist das eine Wurstpelle, die du trägst?

Also, *ich* kann mir keinen Nachtisch leisten.

Und dann, endlich (und hoffentlich für immer) schlank geworden, sind wir schon wieder unzufrieden, weil der Bauch zwar aufgegeben, dafür aber auch der Busen schlapp gemacht hat. Frauen wissen immer etwas an sich zu reparieren, gehen davon aus, dass die Idealfigur bestimmte Maße braucht. Gemessen werden:

- Busen
- Taille
- Bauch
- Po
- Oberschenkel
- Waden (Wasser?)
- Oberarme

Noch mit Kleidergröße 36 wird geprüft, verglichen. Schließlich war es ja mal anders. Könnte schließlich, wenn man nicht aufpasst, wieder so werden. Anlagen dazu sind sichtbar.

Verständnis statt Erziehung

Wie wird man das dicke Kind in sich nur los, das noch immer weiter abnehmen will, das nie zufrieden ist? Warum hält es nicht endlich seinen Mund und lässt uns in Ruhe Mittag essen?

Karen, 32 Jahre

»Ich war ein pummeliges Kind und habe unter vielen Tränen und Mühen dieses Gewicht verloren. Mit zehn Jahren wog ich bereits über 70 Kilogramm. Dabei kann ich mich nicht daran erinnern, dass ich besonders viel aß. Nicht mehr Mohrenköpfe und Süßigkeiten, als andere Kinder auch. Nur, dass ich sie verstecken musste. Wenn meine Mutter sah, dass ich naschte, dann gab es richtig Ärger. Weil ich doch zu dick war und weil dicke Mädchen gehänselt werden, in keine Kleider passen und überhaupt faul wirken und unansehnlich sind. Mit 16 Jahren hatte ich die Pfunde runter. Mein Gewicht halte ich seitdem mittels Augenmaß. Ich sehe das sofort, wenn ich zulege. Aber auch, wenn ich mich gut in der Figur fühle, esse ich nicht gerne Süßigkeiten, wenn andere dabei sind. Für mich haben sie noch immer etwas Verbotenes an sich. Und ich gehe auch nicht gerne ins Schwimmbad. Ziehe mich nicht so gerne vor den Augen eines Mannes aus. Ich befürchte immer, dass er mich in den Bauch kneift und über meinen Speck lächelt. So wie das mein Bruder immer tat.«

Die Probleme, die wir uns mit unserer Figur machen oder die uns gemacht wurden, reichen weit zurück. Einige Frauen werden mit Einnahme der Pille ein wenig schwerer, andere nach der Schwangerschaft. Viele Frauen jedoch, die sich zu dick finden, waren schon in der Kindheit etwas pummelig. Es folgten Diäten und das Gewichts-Jo-Jo: rauf und runter. Die Gemütslage pendelt. Einmal sind die Frauen stolz, dass sie so konsequent hungern, ein andermal verachten sie sich für ein Croissant. Das kleine dicke Kind soll endlich erzogen werden, der Stoffwechsel hat zu funktionieren. Keine Frage, es macht Sinn, auf Bewegung und Ernährung zu achten. Die angebliche Erziehung des ›dicken Kindes‹ ist jedoch nichts als Tyrannei. Sie quälen sich damit selbst, machen sich nieder, wie es sonst kein

Mensch mit ihnen täte. Deswegen plädiere ich hier ganz laut: Haben Sie Mitleid mit dem dicken kleinen Mädchen!

Blicken Sie mit dem Kind zurück und stellen Sie fest, ob es wirklich dick war, und wenn ja, was das Essen ihm bedeutete? Hatte das Mädchen Sorgen? Fühlte es sich schulisch überfordert, war es allein, ungeliebt? Hatten die Eltern eine warmherzige Haltung ihm gegenüber oder musste das Kind sich die Zuneigung erkämpfen? Waren Süßigkeiten ein Ersatz für die Süße des Lebens? Eine Freude? Das Bindeglied mit anderen?

Und wie ist es heute? Haben Sie wirklich ein paar Pfunde zu viel oder ist das Gewicht, das Sie haben, ganz einfach Ihr Gewicht? Ihre Figur? Was würden Sie sich antworten, raten, wenn Sie Ihre beste Freundin wären?

Egal auf welche Ideen Sie bereits schon gekommen sind, schlage ich vor, einmal im Monat einen Tag des Körpers einzulegen. Huldigen Sie Ihrem wunderbaren Leibe! Lassen Sie sich durch Massagen verwöhnen, schwelgen Sie in warmem Wasser, gönnen Sie sich gutes Essen, teuren Wein. Nach all den bösen Worten wird Ihr Körper sich freuen, wenn Sie ihm etwas Gutes tun. Erzählen Sie sich, während Sie in der Badewanne liegen, selbst, was Sie an Ihrem Körper lieben und ob das bisschen Speck nicht sogar ganz reizend ist. In der Vergangenheit war er Ihnen oft Schutz und Geborgenheit. Heute können Sie sich auf andere Weise schützen, als Kind war das nicht möglich. Deswegen danken Sie ihm und nehmen Sie sich seiner an. Je mehr Sie sich über Ihren Körper freuen, desto sinnvoller werden Sport und andere Aktivitäten sein. Sie machen dies dann für und nicht gegen sich!

Die Energiekugel: Gefühle fest verankern

Wenn wir geschützt sind, spüren wir unsere Gefühle, und Negatives kann uns nicht treffen. Wir spüren unsere Kraft, sind mit unseren Sehnsüchten in Kontakt und freuen uns, diese zu verwirklichen.

 **Übung**

Legen Sie sich hin und schließen Sie die Augen. Ihr Atem ist gleichmäßig. Er fließt durch den gesamten Körper. Ihre Muskeln sind entspannt, Sie selbst werden mit jedem Atemzug ruhiger. Vor Ihren Augen sehen Sie nun eine Tür. Sie öffnen die Tür, gehen durch sie hindurch und betreten eine andere Welt. Blicken Sie sich um: Sie stehen in einer Sommerlandschaft! Es ist warm, die Bienen summen, die Sonne strahlt, der Himmel ist blau, die Erde ist warm und weich. Auf einer Anhöhe steht ein alter, wunderschöner Laubbaum. Sie gehen zu ihm hin, denn es ist Ihr persönlicher Baum! Sie begrüßen ihn, setzen sich unter ihn und genießen seine Kraft und Nähe.

Wie Sie hochblicken, entdecken Sie eine große, schillernde Kugel wie eine Seifenblase auf Sie zukommen. Sie treten in die Kugel, die sich wie ein Schutz um Sie legt, und beginnen, sich an eine Situation zu erinnern:
- in der Sie ganz intensiv Freude erlebten;
- ganz intensiv begeistert waren;
- sich in Ihrem Körper ganz wohl und geborgen fühlten;
- sich erotisch und anziehend erlebten;
- Glück und Dankbarkeit spürten;
- sich beschützt und sicher fühlten;
- ganz von Liebe erfüllt waren.

Kosten Sie diese Situationen aus und erleben Sie sie ganz intensiv und mit allen Sinnen! Spüren Sie, wo in

Ihrem Körper schöne Gefühle entstehen und wie sich diese Gefühle über den ganzen Körper ausbreiten. Alle diese wunderbaren Gefühle strömen nun in die Kugel. Sie wird dadurch noch heller, noch strahlender. Lassen Sie die positiven Gefühle fließen und spüren Sie den Schutz der Kugel. Vielleicht können Sie auch ein Stückchen mit der Kugel fliegen ... Das ›Alte‹ bleibt draußen, unter Ihnen oder Sie fliegen daran vorbei.

Die Kugel ist wie eine Batterie. Sie ist geladen mit Ihrer eigenen positiven Energie und gibt die Gefühle wieder an Sie ab, wenn Sie sie brauchen. Vereinbaren Sie mit sich eine Stelle an Ihrem Körper, die diese positiven Gefühle ab jetzt für Sie symbolisiert. Das kann der Ellenbogen sein, das Knie oder vielleicht ein Handgelenk. Legen Sie eine Hand auf diese Stelle und gehen Sie dabei noch einmal ganz tief in das schöne, positive Gefühl.

Wenn Sie in Zukunft in eine Situation geraten, die Ihnen Energie raubt und Sie nicht in Ihre Kugel treten können, fassen Sie sich an diese Körperstelle, die Energie wird dann wieder für Sie spürbar sein. Sie ist an dieser Stelle für Sie gespeichert und abrufbereit.

Im NLP sagt man: Sie haben einen Anker gesetzt. Dieser Anker oder auch ein Symbol führen zu einem guten Gefühl.

Nun bedanken und verabschieden Sie sich von Ihrem Baum oder der Kugel und kommen Sie zurück durch die Tür in diesen Raum.

Du Eimer!
Verletzungen in der Pubertät

Ich mache mir nichts vor, in der Jungmädchenzeit hatten wir alle nichts zu lachen. Egal also, welche Schauergeschichten ich Ihnen in diesem Kapitel erzähle, ich bin mir sicher, Sie kennen eine noch schlimmere.

Können wir uns einfach darauf einigen, dass Pubertät eine Grenzerfahrung ist? Ein kleiner Krieg, mit Hinterhalt, Spionen, Verrat und Verlusten? O ja, diese Zeit gehört wirklich zu den widerwärtigsten unseres Lebens. Ein paar von uns kamen tatsächlich ohne nennenswerte Blessuren weg. Hatten weder Übergewicht noch Pickel, und die Jungen lungerten in Scharen vor ihrem Haus. Solche Glücksfälle gab und gibt es immer wieder!

Aber seien Sie sich gewiss, wir werden diesen Frauen hier nicht begegnen. Wir sind also gänzlich unter uns und brauchen nicht schönfärben, was nicht schön war. Und weil ich Sie gerade nicht hören kann, beginne ich doch einmal mit einem Rückblick in meine rabenschwarze Zeit.

Wie Sie bereits wissen, hatte ich mit meinem Speck ganz schön zu kämpfen. »Sie muss auf ihre Figur achten«, sagte eine unserer Nachbarinnen zur anderen. »Dazu muss sie erstmal eine haben!«, kommentierte die andere spöttisch diesen Satz. ›Mit meinem Speck kämpfen‹ heißt in klaren Worten ausgedrückt: Ich aß keinen Bissen, ohne die Kalorien vorwärts und rückwärts zu addieren und stopfte mich danach mit dem Abführmittel meiner Mutter voll – *Neda Früchtewürfel*. Sind die vielleicht irgendjemand noch bekannt? Sie schmeckten scheußlich und verursachten bei mir unglaubliche Krämpfe. Aber egal, nach jedem Toilettenbesuch war ich etwas schlanker. Die Entwässerungspillen einer herzkranken Tante unterstützten diese Prozedur. Da war ich noch keine 15 Jahre alt. Nach und nach verlor ich etwa 30 Pfund, die ich genauso schnell wieder zunahm, als ich mich dann mit 16 für die Pille entschied. Zu meinem Schrecken kehrten die Kilos eins ums andere zurück, geradeso als wären sie verlorene Schäfchen. Nur, dass ich sie weder vermisst noch gerufen hatte. Stoisch, wie sie waren, interessierte sie das nicht.

Natürlich hatte ich auch nicht aus Lust und Laune die Nächte auf der Toilettenschüssel abgesessen. Schuld war ein junger Mann. Er war der Inbegriff meines Sehnens, und er war auch derjenige, der mich zum ersten Mal mit dem Kosenamen ›Eimer‹ schmückte. Es folgten noch etliche Begriffe dieser Art, die ich Ihnen und mir jedoch erspare. Außerdem brauchen Sie sich nur kurz Ihrer eigenen Geschichte zu erinnern ...

Reinhold war nicht einmal ein *so* begehrenswertes Exemplar. Keine meiner Freundinnen wollte ihn, aber ich rannte ihm in meiner Dickenphase hinterher. In einem grell zitronengelben Mantel! Den hatte ich zwar geschenkt bekommen, ihn aber eigentlich nicht recht gewollt. Aufgrund meines Mangels an modischen Artikeln blieb mir keine andere Wahl. Der Mantel war zeitgemäß, stand mir aber leider nicht. Jede von Ihnen kann mitfühlen, was das für mich bedeutete. Ich schämte mich in dem Mantel zu Tode. Nun hatte ›Eimer‹ nicht nur ein paar Kilos zu viel, sondern auch noch eine gelbe Farbe. Super!

Unglücklicherweise fiel in dieser Zeit meiner Mutter auch noch eine kleine Haarschneidemaschine in die Hände. Es war ein dreieckiges, blaues Plastikding mit verschiedenen Rasiermesserstärken an den Seiten. Die Kombination von ›kein Geld‹ und ›Haarschneidemaschinchen‹ traf mich fatal. Im elterlichen Bad, wo niemand außer uns mein Schreien hörte, wurde meine Haarpracht monatlich verschnitten. Es war zum Davonlaufen, denn ich sah ganz einfach grässlich aus. Ein dicker, gelber Eimer mit einem unregelmäßig geschnittenen Schopf. Können Sie sich vorstellen, wie ich mich fühlte?

Samanta, 34 Jahre

»Mein Vater sprach mich immer mehr als Neutrum an, denn als Frau. Ich war ein schlaksiges Mädchen, hatte keine weiblichen Formen, und auch in der Pubertät entwickelte ich nur spärlich Rundungen. Wenn ich mir ein Kleid wünschte, dann würgte er mich ab: ›Wozu ein Kleid? Das hängt an dir ja doch nur herunter.‹ Er hat ganz selten etwas Positives über mein Aussehen gesagt, machte keine Komplimente. Ich bin, was das angeht, richtiggehend ausgehungert.«

Dummerweise sind wir als Jugendliche nicht nur unseren Hormonen, sondern auch unseren Eltern und unserer Umgebung ausgeliefert. Wir haben noch keine Strategien entwickelt, um uns selbst zu schützen. Wir schauen in den Spiegel und denken: »Ja, die anderen haben Recht! Am besten, ich gehe in ein Kloster.« Wir beobachten verstohlen Paare, die sich küssen, und können uns nicht vorstellen, dass auch uns jemals jemand liebt. Unsere Haut macht einfach, was sie will und unsere Brüste wachsen so unregelmäßig wie zwei Kartoffeln an ein und demselben Strauch. Wir riechen merkwürdig und haben Angst, dass jemand die Schweißränder an unserem Kleid entdeckt.

Wir fürchten uns vor unseren Tagen. Kann es passieren, dass auch zwei OB's das Blut nicht halten? Warum lässt der Himmel es zu, dass wir so hässlich sind, und warum sagen es die anderen dauernd? Und auch auf der Erde ist niemand da, der uns aus dieser Not befreit. Oder vielmehr, befreien *kann*!

Pubertierend sein heißt einsam sein

Als Jugendliche konnten wir niemandem vertrauen. Unseren Eltern nicht, weil sie, mal von allem anderen abgesehen, keinen Durchblick, Geschmack und Sinn für Mode hatten. Unseren Geschwistern nicht und auch nicht denen, die behaupteten, unsere Freunde oder Freundinnen zu sein.

Schlechte Erfahrungen machten uns argwöhnisch. War es nicht möglich, dass selbst unsere Busenfreundinnen ganz schnell zu Feindinnen mutierten? Sie schnappten uns die Jungen weg, redeten mies hinter unserem Rücken, tratschten unsere Geheimnisse weiter. Die Ängste waren groß, darüber zu sprechen, fiel schwer.

Wem sollte ich sagen, dass mich Reinhold laut über die Straße hinweg ›Eimer‹ rief? Es hörte ja so oder so die ganze Nachbarschaft. Wer konnte mich schützen in meinem gelben Mantel, dem Übergewicht, der Helmfrisur?

Mädchen in diesem Alter suchen die Schuld erst einmal bei sich. Ja, vermutlich sind sie so doof. Ja, vermutlich war ich ein ›Eimer‹. Es entwickelt sich eine Art Schuldgefühl, das auch missbrauchte Menschen häufig zeigen. Scham, so zu sein, wie man ist. Eingezogene Schultern, hängender Kopf. »Entschuldigung, dass ich geboren bin.« Auch ich schämte mich damals sehr. Fast so, als wäre ich selbst an all den Boshaftigkeiten schuld. Selbstverständlich gab es auch viele lichte, amüsante Augenblicke, aber gerade die Erniedrigungen prägen sich fest in unserem Gedächtnis ein. Sie sind vergraben, weil es nicht schön ist, an sie zu denken. Es macht keine gute Laune, gibt keine Kraft. Dennoch gestalten diese Erfahrungen auch unser späteres Leben noch unbewusst mit.

Erwachsen geworden, lachen wir über viele Momente aus dieser Zeit. Wie sahen wir doch aus! Und welche Frisuren wir damals trugen! Guck mal die Hose! Der schiefe Rock! Und erst die Musik!

Als Jugendliche fanden wir das alles überhaupt nicht zum Lachen. Es gab niemanden, der uns beistand, wenn wir an Bushaltestellen und in Klassenzimmern ausgelacht wurden und als Außenseiter galten. In stillen Momenten, wenn die Gefühle von damals in uns aufsteigen, zürnen wir unseren Eltern deswegen und den Lehrern, die wir damals hatten. Es gibt unzählige Geschichten, die dokumentieren, wie ausgeliefert wir uns damals fühlten.

Christiane, 41 Jahre

»Ich hatte als Jugendliche unglaubliche Angst vor unserem Mathematiklehrer. Wenn ich heute als erwachsene Frau an ihn denke, dann wird mir erst klar, wie sehr er uns quälte, wie sadistisch und gestört dieser Mann war. Er führte die Schüler vor, machte sich über Aussehen, Leistung, Familienhintergrund lustig. Auch die Klassenkameraden konnten dann nicht helfen, denn es hatte einfach jeder eine Heidenangst. Dieser Mann hat mir und anderen Schülern seelischen Schaden zugefügt, aber offenbar hatte niemand die Courage, etwas dagegen zu unternehmen. Weder Eltern noch Vertrauenslehrer. Ich frage mich heute, mit welchen Erwachsenen wir es damals zu tun hatten. Waren das denn alles Pfeifen? Hat denn keiner gesehen, was Tag für Tag passierte?«

Diese Art von Schulgeschichten sind uns allen wohl bekannt. In Filmen werden sie belustigt dargestellt, und wenn einige Zeit vergangen ist, klopfen auch wir uns lachend auf die Schenkel. Wir sehen unsere eigene Geschichte in der Reihe *Lausbubengeschichten* oder *Hurra, die Schule brennt*. Wir meinen, dass es doch nicht so schlimm war, denn könnten wir sonst darüber lachen?

Das macht den Schaden allerdings nicht geringer, sondern deckt ihn nur zu. Wenn Sie wirklich ausgegrenzt und gedemütigt wurden, lohnt es sich, diesen Schmerz zu betrachten. In der Betrachtung und Würdigung zeugen sie ihm Respekt. Der Schmerz wird dadurch nicht nur verarbeitet, sondern auch losgelassen. Spielen wir es nicht herunter: Sich ausgeliefert und gegängelt zu fühlen, hinterlässt tiefe Wunden.

Doris, 37 Jahre

»Ich musste immer mit dem Bus in die Schule. Jeden Morgen saß ein Junge drin, der auf mich zu warten schien. Er heizte die anderen an, indem er über mein Aussehen witzelte, mir peinliche Fragen stellte, mir dreckige Witze erzählte. Am liebsten wäre ich in die Schule gelaufen, aber das war nicht möglich. Morgen für Morgen war ich diesem Deppen ausgeliefert. Noch heute schaudert es mich, wenn ich in öffentliche Verkehrsmittel einsteige und auf eine Gruppe Jungen treffe. Rückwirkend möchte ich dem Typen von damals gerne eine scheuern!«

Genau. Einmal kurz Dampf ablassen! Dabei vergessen wir jedoch zu schnell: Nicht nur wir waren allein und pubertierend, sondern die anderen auch. Die Mitschüler, die uns auslachten und verhöhnten, fühlten sich in ihrer Haut vermutlich ebenfalls nicht besonders wohl. Sie standen unter demselben Druck wie wir. Wurden ebenfalls beobachtet, gehänselt und missbraucht. Es waren Kinder, Jugendliche wie wir. Unsicher in einer Welt, die zu wenige Wegweiser hatte. Und was diese innere Zerrissenheit, dieses Sich-gequält-Fühlen angeht, unterscheiden wir uns auch nicht von den heutigen Pubertierenden. Oder von unseren Eltern, denn auch die waren einmal in der Pubertät.

Die Schwierigkeiten, die Sie damals empfanden, die Ängste, Unsicherheiten, hatte der liebe Gott also nicht extra für Sie erfunden. Sie sind zwar etwas Besonderes, aber so besonders nun auch wieder nicht. Diese Probleme sind ein Merkmal dieser Zeit. Selbst Babsi, mit der rosigen Haut und den langen Haaren, litt. Auch wenn sie weniger gehänselt wurde.

Prägungen in der Pubertät

Die Unsicherheit, die Einsamkeit, die wir spürten, sind ein Merkmal der Pubertät. Was wir tun können, ist, dafür zu sorgen, dass es kein Brandmal für uns wird. Kein Klingeln in unserer Seele, das uns immer mal wieder daran erinnert, dass wir bescheuert aussehen. Heute sind wir erwachsen und verdienen unser eigenes Geld, können uns einen Friseur leisten, und kein Mensch zwingt uns mehr in gelbe Mäntel. Es ist vorbei. Dennoch schauen wir an manchen Tagen in den Spiegel und eine feine Stimme singt uns »Eimer, Eimer« leis ins Ohr. Und dann fühlen wir uns ein paar Sekunden lang so wie damals, sind in die ›alten Schuhe‹ geschlüpft:

Nie werden wir es schaffen schön zu sein.
Nie werden wir im Mittelpunkt stehen.
Keiner kann uns riechen.
Niemand lädt uns ein.
Im Bus drehen sich alle nach uns um.

Es ist gut möglich, dass Sie diese Attacken nicht einmal bewusst erleben. Die Seele findet viele Wege, um sich zu äußern. Manchmal trinken wir an diesen Tagen einfach ein Glas zu viel oder wir essen ohne Hunger. Vielleicht brauchen wir dringend eine Zigarette oder fragen unseren Liebsten ständig, ob er uns noch liebt.

Wir versuchen rückwirkend die alte Wunde zu heilen, ohne real an sie zu denken und messen unseren Wert an der Zuneigung von bestimmten Menschen. »Wenn X oder Y mich liebt, dann wird wirklich alles gut. Dann werde ich mich besser fühlen.« Das ungute Gefühl soll schnell vergehen. Wenn wir die Wurzeln unseres Unbehagens nicht suchen, dann sind wir ständig auf der Suche nach Bestätigung durch andere oder fügen uns in eine bestimmte Haltung. Wir geben auf und glauben das, was uns gesagt wird.

Rita, 31 Jahre

»Ich hatte die letzten Jahre immer nur gebundene Männer. Es war wie verhext. Meine Freunde sagten mir, ich sei bindungsunfähig. Wollten wissen, warum mir die tiefe Liebe solche Angst einflöße. Ich las eine Menge Ratgeber und versuchte zu ergründen, was bei mir nicht stimmt. Meine Freundinnen lebten alle anders. Sie hatten Männer und Familien. Ich war Geliebte und allein. An einem dieser einsamen Wochenenden besuchte ich so einen Workshop für die Seele. Eine Übung war ›Das Leben tanzen‹. Also alles, was man so erlebt hat, tänzerisch ausdrücken. Auch die Kindheit, die Pubertät. Ich erinnerte mich auf einmal an diese ganze sonderbare Zeit. Sah mich mit einem hässlichen Pferdeschwanz neben meiner Schwester. Sie war etwas älter und gertenschlank. Ich hatte mich in einen Jungen ihrer Klasse verguckt. Als ich ihr das gestand, sagte sie: ›Du bist dem zu dick, und außerdem gehört er mir! Wie kommst du dazu, dich in meinen Freund zu verlieben?‹ ›Wie kommst du dazu‹ – das war des Rätsels Lösung. Wie kommst du dicke Trine dazu, dich überhaupt zu verlieben? Kein Mann wird sich jemals für dich allein entscheiden. Du bist zu wenig. Nimm das, was dir zusteht, und frage erst die anderen, ob sie nicht vor dir Anspruch haben.«

Der Groschen war gefallen. Rita begriff schlagartig, dass sie die ganze Zeit auf der verkehrten Baustelle gearbeitet hatte. Das Thema war nicht ›Bindung‹, sondern ›Es steht mir nicht zu‹. Nach dieser Erkenntnis warf Rita erst einmal alle ihre Nähe-Distanz-Bücher in den Müll. Um die richtige Baustelle zu finden, müssen wir uns in unserer Jugend umschauen, müssen hören, was man uns sagte, die Blicke nochmal fühlen, die andere Menschen auf uns warfen, und fühlen, was das noch heute mit uns macht. Ob es uns noch heute kränkt. Ob wir noch immer glauben, was ein pickliger Reinhold uns irgendwann mal sagte.

Wenn dem so ist, dann sagen Sie ab heute: *Nein*!

Wünsche dürfen wahr werden!

Erst, wenn wir unsere eigenen Wünsche und Sehnsüchte wahrnehmen und sie uns selbst erfüllen, sind wir in der Lage, auch von anderen Menschen mit Freude etwas annehmen zu können.

➤ ➤ ➤ **Übung**

Legen Sie sich hin und schließen Sie die Augen. Kommen Sie zur Ruhe. Atmen Sie aufmerksam ein und aus. Achten Sie darauf, wohin der Atem fließt. Durch Ihren Brustkorb in den Bauch, die Beine, bis zu den Zehen. Ihr ganzer Körper entspannt sich.

Sie werden in dieser Übung in der Zeit zurückgehen. Zählen Sie von Ihrem jetzigen Alter (laut oder leise) zurück bis in das Alter Ihrer Pubertät. Suchen Sie sich in der Erinnerung ein Bild von sich und betrachten Sie dieses, als wäre es ein reales Foto in Ihren Händen. Was tragen Sie für Kleidung auf diesem Bild? Welche Farben, welche Muster sind zu sehen? Gefällt Ihnen, was Sie anhaben? Wie ist Ihre Frisur? Lachen Ihre Augen oder sind sie traurig? Sind die Hände locker oder verkrampft? Wie stehen oder sitzen Sie? Wenn Ihnen das Mädchen, das Sie da sehen, nun etwas sagen könnte, was würde es berichten? Was möchte es Ihnen mitteilen? Vielleicht erzählt es Ihnen eine Geschichte. Vielleicht steigen aber, wie von selbst, einfach weitere Bilder in Ihnen auf.

Wenn das Mädchen Wünsche an Sie hätte, welche wären es dann? Wünscht es sich Verständnis, Zuneigung und Liebe? Oder will es vielleicht ein Paar neue Schuhe? Einen Lippenstift? Möchte es, dass Sie es verwöhnen, mit ihm ausgehen, schöne Dinge unternehmen? Sagt es Ihnen: »Bitte finde mich schön und zeige mir das!«

Finden Sie heraus, was das Mädchen glücklich macht, und gönnen Sie ihm diesen Spaß. Wir können nicht alle Entbehrungen, die wir als Jugendliche hatten, wettmachen, aber ein paar bestimmt. Sie sind die Person, die am besten weiß, was Sie (dieses Mädchen) brauchen, und werden sich nun damit beschenken.

Wenn Sie genug Bilder gesehen und genug Wünsche gesammelt haben, bedanken Sie sich bei dem inneren Mädchen und kommen Sie ins Tagesbewusstsein zurück. Sagen Sie sich laut, wie alt Sie sind und schreiben Sie die Wünsche und Gedanken auf. Machen Sie sich eine Liste und nehmen Sie sich die Zeit, diese Liste hübsch zu gestalten. Alles, was Ihnen wichtig ist, wonach Sie sich vielleicht schon als Jugendliche sehnten, darf darauf stehen. Hängen Sie die Liste so auf, dass Ihr Blick häufig darauf fällt, und nehmen Sie sich vor, sich jede Woche einen Wunsch von dieser Liste zu erfüllen. Gönnen Sie sich von nun an öfter mal einen ›Mädchen-Tag‹ und erlauben Sie sich, an diesen Tagen ›satt‹ zu werden.

Planen Sie jeden Tag drei Minuten ein, um sich zu sagen, was Sie alles an sich mögen. Sie können dies im Stillen machen oder auch laut. Über drei Minuten ist okay, unter drei Minuten nicht. Bleiben Sie dabei, auch wenn diese persönliche Zuwendung für Sie zu Beginn eher ungewohnt ist.

Ambivalenzen – Die beste Freundin

Welches Mädchen wir Freundin nennen, was sie für uns und unser Leben bedeutet, wie wir sie bewerten und auf welche Weise aussuchen, verändert sich im Laufe unseres Lebens. ›Freundin‹ war für uns nicht immer ›Freundin‹.

Als wir kleine Mädchen waren, erwählten wir uns unsere Freundinnen noch mit dem ›Auge‹. Wir verliebten uns sprichwörtlich in sie. Wenn sie hübscher und beliebter war als wir, wurden wir durch die Verbindung aufgewertet. Ihr Glanz strahlte auf uns ab. Wir wurden durch sie auch ein bisschen schöner, für andere Kinder attraktiver. Je beliebter dieses Mädchen war, desto besser war das für uns. Eine von anderen Kindern begehrte Freundin war ein Gütezeichen dafür, dass auch wir etwas hatten. Zum Beispiel Loyalität, Treue, Einsatz, Großzügigkeit, Mut, Süßigkeiten, Spielzeug, Geld. Für uns war die schöne Freundin ein besonderes Geschenk, wenn sie uns tatsächlich mochte, kein Interesse an einem Gewinn dank Abhängigkeit hatte, wenn sie uns also liebte, weil sie sich mit uns verbunden fühlte.

Sich in ein beliebtes Mädchen zu verlieben und sie zu bekommen, den Zuschlag zu erhalten, ist für kleine Mädchen das, was für große der Prinz ist, der sie entdeckt.

Christine, 40 Jahre

»Ich erinnere mich sehr gut an den Moment, als ich mich in meine Freundin Christiane verliebte. Ich muss etwa elf Jahre alt gewesen sein. Es war nach dem Sportunterricht. Wir Mädchen waren in der Umkleidekabine, zogen uns schnatternd um. Da bemerkte ich Christiane, wie sie vor dem Spiegel stand und sich ihr Haar kämmte. Ich weiß noch, wie ich erschauderte und in diesem Moment nur dachte: ›Gott ... ist die schön! Wenn sie doch nur meine Freundin, meine beste Freundin wäre.‹

Diese Gunst war relativ unwahrscheinlich, da Christiane bereits eine beste Freundin hatte. Zu meinem Glück ergab sich zwischen den beiden eine größere Streiterei und ich rutschte tatsächlich auf den begehrten Platz. Ich spüre noch heute die Glückswellen, die das in mir auslöste. Ganz besonders deshalb, weil ich mich in der Klasse eher als Außenseiterin wahrnahm und Christiane eine sehr beliebte Mitschülerin war. Sie hatte so etwas Weiches, Warmes in ihrer Art. Wir sind auch heute noch befreundet, sehen uns allerdings sehr selten. Dennoch: Das tiefe Gefühl von Verbundenheit ist da, und ich spüre auch noch so etwas von der Dankbarkeit, die ich als Kind spürte, weil Christiane die Vorurteile der anderen nicht teilte. Ich durfte mich an ihrer Seite ehrlich gleichwertig und geliebt fühlen.«

Aufrichtig geliebt zu werden tut so gut. Ganz besonders dann, wenn man als Kind zu dick oder zu dünn ist, eine Brille mit dicken Gläsern trägt, eine Zahnspange oder die Haare kraus und nicht zu bändigen sind. Je unwohler wir uns als Heranwachsende fühlten, desto angenehmer war es, eine hübsche Freundin an der Seite zu wissen. Bestimmt erinnern Sie sich auch an das eine oder andere ungleiche Paar: die eine im Minirock, die andere in Elefantengröße gekleidet. Beide unzertrennlich und keiner wusste so recht warum. Wer in solch einer Beziehung von wem profitiert und ob überhaupt, ist von außen schwer erkennbar.

Wer ist die Schönste im ganzen Land?

Je älter wir werden, desto weniger ist die hübsche Freundin für uns ein Schmuck. Wir möchten selbst als Frau Gefallen finden. Wir erwählen die Freundin nicht mehr mit dem Auge, sondern wir suchen Seelenverwandtschaft. In der stürmischen Zeit, so um die 16 Jahre, wollen wir uns austauschen und angenommen werden. Wir haben Geheimnisse und möchten sie teilen. Die ersten Liebesgefühle verdrehen uns den Kopf. Mit der Freundin können wir darüber tuscheln, ratschen. Wir können psychologisieren. Warum wir so sind, wie wir sind? Warum ist der Typ da drüben so schweigsam? Wir deuten Blicke und Gesten. Fragen uns, was wir unternehmen können, damit er uns endlich bemerkt. Ob wohl ein Liebesbrief etwas bewirkt? Oder Magie, ein Ritual? Wir beschäftigen uns mit Sternzeichen und Tarotkarten. Bemerken unsere eigenen Ecken und Kanten und beginnen, daran zu feilen. Schlafen schlecht und müssen reden, reden, reden. Was für eine wirklich stürmische, aber auch wunderbare Zeit! Eine wahre, beste Freundin bedeutet jetzt nicht nur Begleitung, sondern auch Schutz.

Empfinden wir die Freundin als schöner, dann fällt zwar noch immer etwas von ihrem Licht auf uns, aber wir sehen uns auch immer mehr in ihrem Schatten. Das Mädchen schmückt und fördert uns nicht mehr, sondern bremst uns aus. Die Konkurrenz betritt mit ihr den Raum. Wir wollen genauso bewundert werden, wünschen uns die gleichen Jungs. »Wieso die und ich nicht?«, wollen wir geklärt wissen.

Fühlen wir uns rein äußerlich dermaßen unterlegen, dass wir nicht einmal mehr zu konkurrieren wagen, bleibt uns nur die Rolle des guten Kumpels oder die der Gouvernante. Wir freuen uns über die Brotkrumen der Liebe, die für uns vom Tisch der Freundin fallen. Denken vielleicht sogar: »Ach egal, mehr steht mir ja eh nicht zu, wo ich doch so unscheinbar und langweilig bin!« Falls Sie eine schöne beste Freundin hatten, eine, die Sie aus ganzem Herzen liebten, dann kennen Sie wie ich diesen Spagat zwischen Stolz und Neid.

Meine beste Freundin war damals Renate. Sie hatte eine hübsche Figur, lange, rötliche Haare, ein kehliges Lachen, Humor, Geist, Esprit, die richtigen Jeans, die richtigen Platten. Einen Kassettenrekorder besaß sie obendrein. Die Jungen waren verrückt nach ihr. Sie umschwärmten Renate, die das zwar genoss, aber dadurch nicht eitel wurde. Und obwohl ich der ›Zitronenfalter‹ an ihrer Seite war, machte mich Renate niemals klein, sondern gab mir das Gefühl, auch kostbar zu sein. Renate und ich zogen zusammen durchs Städtchen und trafen uns mit unserer Clique. Mehr als einmal geschah es, dass sich dann auch ein Junge mit mir verabreden wollte. Ja, ja. Aber konnte, durfte ich das wirklich glauben, dass ich einem Peter, Jörg oder Tobias tatsächlich gefiel? Ich versuchte es zumindest, schlüpfte in eine zwei Nummern zu kleine Jeans, in ein zwei Nummern zu großes Sweatshirt, zog den von Renate geliehenen Parka darüber. Die Augen mit Kajal umrahmt, Patchuliöl hinter den Ohren, so ging es klopfenden Herzens in das Café. Die Leute im Bus plapperten oder stierten vor sich hin, und keiner ahnte, wie aufgeregt ich war.

Die Treffen – insgesamt passierte es mir drei Mal – waren eigentlich alle angenehm. Der Junge und ich, wir saßen am Tisch, das Gespräch war zwar schwerfällig, kam aber in Gang. Wir rauchten, tranken heiße Schokolade. Der Junge bestätigte mir, wie nett ich sei, was für ein wunderbarer Kumpel, und wie viel Vertrauen man mir gegenüber verspürte. Und da das so sei, könnte er jetzt, obwohl es ihm sehr schwer fiele, doch die Bitte aussprechen, die er schon so lange auf dem Herzen hätte. »Du bist doch Renates beste Freundin. Kannst du nicht was für mich tun? Könntest du uns nicht verkuppeln?«

Nach dem dritten Rendezvous dieser besonderen Art erkundigte ich mich gleich nach dem Grund, wenn sich ein Junge mit mir verabreden wollte. Es machte die Sache einfacher und weniger schmerzhaft für mich. Noch schlimmer war es, wenn einer der abgewiesenen oder abgelegten Prinzen sich dann, aus der Not eine Tugend machend, doch noch für mich interessierte. Was sollte ich glauben? Meinte er mich? Oder war ich nicht doch eher das Trittbrett des Wagens, der zu Renate fuhr? Würde ich nicht ewig verglichen werden? Ich konnte doch gar nicht mithalten!

Wohl nicht, denn auch später, als ich längst mithalten konnte und Renate eifersüchtig auf mich war, glaubte ich es noch immer nicht recht, wenn ein Mann Interesse an mir zeigte. Ich sah mich als eine Art Zwischenlösung, bis etwas Besseres nachkam. Und wenn mir mein Partner seine Liebe beteuerte, dann dachte ich argwöhnisch: Irgendwann wird er es schon merken! Oder noch verletzender: Wenn er mich mag, kann irgendetwas mit *ihm* nicht stimmen!

Doch bleiben wir vorerst bei dem ersten Gedanken. Was hätte er denn merken können? Was war meine Vorstellung von mir? Dass ich eine Verpackung war, die mehr versprach, als der Inhalt später hielt? Dass er eines Morgens aufwachen würde, ihm die Schuppen von den Augen fielen, er zu mir herüberblickte und entsetzt aufstöhnte: »Wie bin ich denn bei dir gelandet? Du siehst ja wahnsinnig durchschnittlich aus!« Oder dass er mir gegenüber saß und dachte: »Ich hab es erst gar nicht gemerkt ... aber sie ist wirklich eine absolute Langweilerin! Hoffentlich komme ich aus der Nummer bald wieder raus.«

Ich verglich mich in einem fort, ohne genau zu wissen, mit wem. Nicht nur Renate – waren nicht alle ein wenig hübscher, jünger, schlanker, schlauer als ich? Schuld an diesem fehlenden Selbstwertgefühl waren jedoch weder Renate noch die anderen gut aussehenden Mädchen. Auch nicht die unsicheren Jungs, mit denen ich mich traf. Die Ursache meines mangelnden Glaubens lag bei mir selbst, aber das begriff ich zu dieser Zeit noch nicht. Es hatte mir auch niemand beigebracht.

Petra, 32 Jahre

»Ich muss etwa zwölf Jahre alt gewesen sein, als ich Bettina kennen lernte. Sie war im Dorf geboren, ich zugezogen. Die haben es so oder so immer schwerer, die zugezogen sind. Bettina war außerdem auch noch die Schönere von uns beiden. Ich war kein Aschenbrödel, aber sie hatte eindeutig mehr Ausstrahlung, mehr Charisma. Es ging so ein Leuchten von ihr aus, das nicht nur ich bemerkte. Sie war ein Sonnenkind. Viele andere Klassenkameradinnen schwänzelten um sie herum, machten sich wichtig, aber ich war ihre beste Freundin. Mich hatte sie erwählt! Wir verstanden uns gut. So gut, dass es mir, wenn wir alleine waren, nicht mal auffiel, dass ich in ihrem Schatten stand. Ich war nur glücklich, dass ein Mädchen, wie ich es war, eine solche Freundin haben durfte.

Später wurde mir bewusst, dass ich mich ähnlich fühlte, wenn ich einen sehr schönen Mann für mich gewinnen konnte. Wie das schon wieder klingt ... für mich gewinnen konnte ... Dass ich mich als Beiwerk fühlte. Ich glaubte, dass ich für mich genommen nichts zu bieten hatte. Manchmal holt mich dieses Gefühl auch heute noch ein. Dann werde ich innerlich ganz klein und fühle mich so etwa wie angeschlagenes Obst mit braunen Flecken.«

Eine gute Freundin kann uns helfen, solche Gedanken aufzudecken und zu verändern. Sie steht uns bei, rückt liebevoll gerade. Wenn wir Minderwertigkeitskomplexe, Neid, Konkurrenz oder Eifersucht empfinden, können wir mit ihr offen und ehrlich darüber sprechen. Zwischen guten Freundinnen sind alle Emotionen klar. Sie unterstützen einander, mischen sich aber nicht ein, begegnen einander mit Ehrlichkeit und Vertrauen. Beide Frauen sind sich ebenbürtig, keine von beiden hat die Weisheit mit Löffeln gefressen.

Gleichberechtigte Partnerinnen
Eine gute Freundin kann nur sein, wer sich selber eine gute Freundin ist. Um das zu sein, müssen Sie sich selbst erwachsen fühlen und auch die andere Frau als eigenständige Person wahrnehmen. Sie sollten die Freundin aufgrund ihrer inneren Schönheit lieben, sich über die Seelenverwandtschaft freuen und nicht auf eine mögliche ›Erlösung‹ hoffen. Erlösen können nur Sie sich selbst. Im Klartext heißt das, Sie sollten aufhören:
- sich wie ein kleines Mädchen in andere Frauen zu verlieben, weil sie Ihnen schöner oder intelligenter erscheinen;
- sich bewusst in deren Licht zu sonnen;
- sich als Frau zu fühlen, weil sie eine Frau zur Freundin haben;
- dafür aus Dankbarkeit Dienstleister zu werden;
- mittels Doppelbotschaften Ihre Wünsche durchzudrücken;
- in die Rolle des hässlichen Entleins zu schlüpfen.

Das heißt: Sie sollten versuchen, mehr und mehr die eigenen Qualitäten zu erkennen und sich zu mögen. Das bedingt: von alten Mustern Abschied zu nehmen, sich mit sich selbst zu versöhnen und sich freudig seiner eigenen Kraft und Größe zuzuwenden. Wenn Sie sich nicht mit sich versöhnen, werden Sie nie Ihre beste Freundin sein. Wenn Sie nicht Ihre beste Freundin sind, werden Sie sich nicht lieben und selbst zu Ihrer stärksten Kritikerin. Das ist dann die böse Schwester, die Sie in sich hören, die ungefragt mit Ratschlägen und ›Fiesbacks‹ um sich ballert. Eine falsche Freundin, die in Ihnen lebt und die Sie nicht so einfach aus dem Adressbuch streichen können! Die nicht aufhört, zu kommentieren, Sie zu belehren und zurechtzuweisen.

Lauschen Sie in sich hinein und werden Sie achtsam, um herauszufinden, wie viele Zimmer diese Freundin in Ihren inneren Räumen schon belegt. Schmeißen Sie sie raus! Das Mietverhältnis ist beendet. Ab jetzt darf nur noch einziehen, wer Sie unterstützt. Fragen Sie sich bei jedem Gedanken: »Macht er mich schön?« Fühlen Sie Ihr Gesicht. Glänzen Ihre Augen, sind Sie entspannt? Zuversichtlich? Wenn Sie einen verkniffenen Mund und Falten auf der Stirn fühlen, dann ist wieder die böse Schwester auf einen Sprung vorbeigekommen. Weisen Sie Ihr die Tür!

»Ohne Selbstversöhnung und Freundschaft mit sich selbst«, schreibt die Psychologin Julia Onken in vielen ihrer Bücher, »gibt es auch kein Selbstbewusstsein!« Betrachten Sie sich die Freundinnen Ihres Lebens daher genau. Die inneren und die äußeren.

Walk with Grace and Power

Die Kombination von Musik, Bewegung und Rhythmus ist kraftvoll, energiegeladen und voller Glanz. Dies ist eine schöne Übung, die Sie alleine, aber auch mit Ihren Freundinnen machen können! Suchen Sie sich eine Musik aus, die schwungvoll und für Sie von besonderer Bedeutung ist. Zum Beispiel: Gloria Gayner *I am what I am!*

 **Übung**

Erinnern Sie sich an eine positive Situation, in der Sie ganz in Ihrer Kraft und in Ihrer Mitte waren. Einen Augenblick, in dem Sie strahlten und in dem Sie das unerschütterliche Vertrauen hatten, ein besonderer, wertvoller und wunderbarer Mensch zu sein. In der die Energie durch Sie hindurchströmte, Sie Schutz und Freude fühlten und Sie so fröhlich und sinnlich waren, als stünden Sie auf einer hellen, bunten Frühlingswiese.

Legen Sie nun diese Musik auf, und stellen Sie sich vor, Sie wären ein Model und würden auf einem Laufsteg zu dieser Musik gehen! Gehen Sie rhythmisch auf und ab. Haken Sie sich bei Ihren Freundinnen ein und gehen Sie gemeinsam. Oder: Gehen Sie einzeln und lassen Sie sich von den anderen klatschend anfeuern. Spielen Sie Star, Model, sich selbst.

Zeigen Sie Anmut, Anziehung und Stolz in Ihrem Schritt.

Legen Sie ein Lächeln auf die Lippen und winken Sie Ihrem imaginären Publikum zu!

Achten Sie auf Ihre Haltung und welche Auswirkung diese auf Ihr Lebensgefühl hat. Spielen Sie mit dem Tempo!

Erinnern Sie sich an dieses Körpergefühl, wenn Sie auf der Straße neben Ihren Freundinnen oder anderen Frauen gehen. Spüren Sie Ihren eigenen Glanz und wie Ihr Selbstwertgefühl sich verändert. Holen Sie sich diese Freude, wann immer Sie wollen, zurück und gehen Sie in dieser Energie auf Ihre Träume, Wünsche und Ziele zu.

Machen Sie sich ein Zeichen an Ihren Badezimmerspiegel, das Sie daran erinnert, sich selbst zuzulächeln.

Das ist doch hübsch!
Was die Eltern meinten

Ich habe Ihnen von meinem zitronengelben Mantel schon erzählt. Was Sie bislang nicht wissen, ist, dass ich ursprünglich einen hellblauen haben wollte. Zwischen Zitronengelb und Hellblau liegen Farbwelten. Nebenbei war gelb in meiner Clique ›megaout‹, auch wenn es dieses Wort damals noch nicht gab. Man sagte »potthässlich« oder »eklig«, was in der Wirkung noch extremer ist.

Meine Mutter hat nie mitbekommen, wie ich mich in diesem Ding in die Ecke des Bushaltestellenhäuschens drückte. Ich war 15 Jahre alt und schwer verliebt. Dann kam noch diese Haarschneidemaschine bei uns ins Haus und zu guter Letzt wurde mir auch noch mein Geburtstagswunsch, eine Jeans, erfüllt. Ein erfüllter Wunsch?! Es war weder eine Levis noch eine Wrangler, sondern so ein nachgemachtes Ding aus dem Kaufhaus. Dort arbeiteten meine Eltern. Neun Stunden pro Tag verbrachten sie in diesen ›heiligen Hallen‹. Neun Stunden lassen genügend Spielraum, um nach Sonderangeboten und ermäßigten Ladenhütern Ausschau zu halten. So dachte ich als erboste und enttäuschte Jugendliche. Ich erzähle diese Dinge aus meiner Kindheit und will nicht vergessen, immer wieder zu erwähnen, dass meine Eltern es nur gut mit mir meinten.

Sie waren ein ganz normales Elternpaar, ausgestattet mit dem, was man ›gesunden Menschenverstand‹ nennt.

Was mein Elternhaus ebenfalls nicht von dem meiner Mitschüler unterschied, war die Tatsache, dass gespart werden musste. Meine Eltern bauten zu dieser Zeit ein Haus und ihr Einkommen war knapp. Ausgaben mussten erst begründet werden und wurden dann auf ihre Wirtschaftlichkeit hin überprüft. Was die Kleiderfrage anging, waren meine Argumente wenig stichhaltig. Jeans waren für meine Eltern Jeans. Tja. Jeans waren eben nicht gleich Jeans. Wie sollte ich ihnen das nur erklären?

Da ich ein Einzelkind war, gab es weder einen großen Bruder noch eine große Schwester, die schon vor mir in der Kleiderfrage auf den Putz gehauen hätten. Und mein Kampf nutzte niemandem, der nach mir kam. Meistens blieb es also bei dem Entschluss: »Du nimmst diesen Mantel und damit basta!«

Zum Abschlussball meines Tanzkurses trug ich einen dunkelbraunen Plisseerock und darüber einen Goldlameepullover. Entzückend für eine Frau in den Wechseljahren, quälend für mich, die versuchte, mit bunten, lustigen Kleidchen mitzuhalten. Meine Mutter hatte Tränen in den Augen. Was war ich doch für ein nett angezogenes Kind! Was für eine hübsche Tochter!

Haben Sie schon einmal versucht, im Nachhinein die Kleiderfrage mit Ihren Eltern zu diskutieren? Ich schwöre Ihnen, das ist unmöglich. Meine Mutter bekommt noch heute einen seligen Gesichtsausdruck, wenn sie sich an diesen Ball erinnert. Soll sie auch. Ich will ihr das schöne Bild lassen. Meine Mutter ist eine tüchtige Frau, die mit Finanzen sehr gut umgehen kann. Es war nicht ihre Schuld, dass die Schnittmenge meiner Wünsche und der familiären finanziellen Möglichkeiten so gering ausfiel.

Renate, meine damalige Freundin, stammte aus einem wohlhabenden Elternhaus. Sie hatte eine gute Figur und einen bestens gefüllten Kleiderschrank. Da ich etwas fülliger war, konnten wir leider kein Klamottensharing machen. Mir blieb also nur der schmachtende Blick auf eine für mich ganz sicher bessere Welt. Ach, ich armes Aschenbrödel.

Wie schwer wir es doch damals hatten! Sie bestimmt auch. Vielleicht hatten Sie eine Schwester und mussten Kleider auftragen, oder es wurden Röcke von Ihrer Oma umgeändert. Können Sie sich auch noch an diese Blicke, von unten nach oben, erinnern und hören Sie auch noch das Gekicher der anderen Mädchen hinter Ihrem Rücken? »Wie sieht *die* denn aus?«

Ich habe eben mal das alte Familienalbum durchgeblättert und ein paar Bilder rausgesucht. Siehe da, so schlimm sah ich gar nicht aus! Wie merkwürdig, dass ich immer nur an diesen zitronengelben Mantel denke. Unser Gehirn ist eine lustige Einrichtung. Es hält stur, wie meine Mutter in der Kleiderfrage, an diesen alten Bildern fest und will nicht wahrhaben, dass das

- gar nicht immer so war und
- längst der Vergangenheit angehört.

Wo liegt der Gewinn?

Wenn sie vergangen sind, warum geben wir diesen Gefühlen dann so viel Raum? Die Situationen, Tage, vielleicht auch Wochen, in denen ich mich wohl in meiner Haut und in meinen Kleidern fühlte, mir Jungen schöne Augen machten oder eine Klassenkameradin verrückt nach einem T-Shirt von mir war, tauchen nur hin und wieder auf. Wann immer ich zurückdenke, meine ich, dass meine Jugend hätte besser laufen können. Will ich die Sonnenseiten finden, muss ich schon ein bisschen länger suchen. Geht es Ihnen auch so? Ja? Dabei gab es sie. Es gibt immer dunkle und lichte Momente im Leben.

Kaum haben wir aber diese Stimmung in unserer Erinnerung gefunden, werten wir sie auch schon wieder ab. Aber ja, es hatte auch schöne Augenblicke gegeben. Aber eigentlich war es doch eher schwer. Es war quälend. Es war erniedrigend. Es war traurig.

Soll ich nochmal eine Pause machen? Möchten Sie noch ein paar Minuten heulen? Vermutlich nicht. Erstens sind Sie jetzt schon leicht verärgert und denken: »Die nimmt mich gar nicht ernst! Erst sagt sie, man soll diese Gefühle würdigen, und dann macht sie sich darüber lustig.« Würdigen schon, meine ich, aber bitte nicht darin zerfließen. Mir ist viel eher nach einer Lösung. Wie wird man die alten Gefühle los? Diese Momente, die uns noch heute melancholisch werden lassen, in denen wir jung und aufstrebend waren und an bloßen Äußerlichkeiten gemessen wurden. Was hatten wir für Gedanken, Visionen, Ziele, aber wichtig waren für die anderen nur Figur, Haarschnitt, Sonnenbrille, Schuhe, Tasche, Klamottenmarken. Wir tun uns nachträglich ein wenig Leid und versuchen, bei unseren Kindern wenigstens das besser zu machen. Hören gerne die Musik von damals, sehen aber nicht gerne die Bilder dazu. Wie wir da saßen, auf dieser schäbigen Couch in der Tanzschule, darauf hoffend, dass doch wenigstens einer käme, der uns auffordern würde (und sei es der Pickligste von allen!).

»Nutzt es etwas, die alten Geschichten immer wieder aufzuwärmen? Ändern kann man ja doch nichts mehr daran«, denken Sie. »Man bekommt davon bloß Magendrücken und ein verhageltes Gemüt.« Ach, so ein bisschen schlimme Erinnerung tut doch manchmal auch richtig gut! Besonders dann, wenn man die Zeit des Zurückdenkens begrenzt und ganz sicherlich dann, wenn man in der Lage ist, auch ein wenig über sich zu lachen.

Ich kann beschließen, zitronengelb in mich hineinzu-
greinen, und ich kann beschließen, etwas für mich zu tun.
Ich kann mich trösten, mir eine Freude machen. Und ich
kann versuchen, einmal darüber zu schmunzeln. Wie sahen wir damals bloß alle aus! Sie haben richtig gelesen, ich
sprach von *wir*. Ich bin mir sicher, dass ich nicht alleine
das Aschenbrödel gab. Es gab noch Sie und eine ganze
Menge anderer Mädchen. Selbst meine Freundin war nicht
immer glücklich und musste an manchen Ecken sparen.
Freilich nicht an der Kleidung. Bei ihr war es das Essen.
Ihre Eltern kauften, weil sie eben doch nicht so stinkreich
waren, immer supergünstig ein. Meine Mutter hingegen
legte Wert auf frische Wurst und Kräutersenf ... unglaublich, wie sich diese Lebensmittel im Gedächtnis von Renate eingegraben haben. Heute kann sie sich kistenweise
mit Kräutersenf eindecken, aber ich glaube, so richtig gut
schmeckt er nur bei mir. Dieses Phänomen beschert uns
so manches laute Lachen. So haben bedürftige Zeiten auch
ihr Gutes im Nachhinein.

»Weißt du noch ...?« – »Na klar!«

Wenn wir uns nur aufzählen, auf was wir verzichtet haben, ohne nach einem Gewinn zu suchen, dann entscheiden wir uns für die halbe Sicht der Dinge. Wir erkennen
nicht an, was wir daraus gelernt haben, verweigern die
Sicht darauf, dass alles, was wir damals erlebten, auch die
Zurückweisung, dazu führte, dass wir heute so viel wissen.

Im Grunde entscheiden wir uns noch immer gegen den
Genuss. Es ist ein Leben wie nach einem alten Film. In diesem Film stehen Sie noch immer vor dem Schaufenster
und können sich den bunten Hut, die Jeans, nicht kaufen.
Erst wenn Sie diesen alten Film mit neuen Darstellern be-
setzen, bewegen Sie sich nach vorn.

Hin und wieder haben uns die Erlebnisse aus der Jugend
aber in einem solch speziellen Griff, dass wir das Wiedersehen gar nicht bemerken.

Ursula, 32 Jahre

»Ich bummle nicht, kaufe nicht so gerne Kleider ... dachte ich zumindest. Meistens sind mir die Läden zu voll oder zu chic oder zu teuer. Ich habe zwei Kinder, bin allein erziehend, da bleibt am Monatsende auch nicht viel übrig. In der Vergangenheit habe ich viel in Secondhandläden eingekauft, auf dem Flohmarkt oder von Freundinnen Kleider übernommen. Die waren zwar nicht immer ganz nach meinem Geschmack, aber wenn sie passten, war mir das egal. Hauptsache, ich fühlte mich darin wohl. Eines Tages, meine Mutter war gerade zu Besuch, kam eine Nachbarin auf einen Sprung vorbei. Sie hatte einen Rock dabei, der ihr zu klein geworden war und wollte ihn mir verkaufen. Der Rock gefiel mir überhaupt nicht! Meine Nachbarin schwätzte auf mich ein. Nur damit sie endlich Ruhe gab, probierte ich das hässliche Stück an. Ich wollte meinen guten Willen zeigen und außerdem zeigen, dass mir der Rock nicht steht. Trotz toller Qualität und supergünstig –ich wollte ihn nicht haben. Kaum, dass ich ihn angezogen hatte, betrat meine Mutter den Raum und fand mich in diesem Rock umwerfend! Die Nachbarin witterte daraufhin ihre Chance und beide drehten und wendeten mich vor sich herum. Sie befingerten mich, rafften den Saum des Rockes, zoppelten am Bund, dass es mir ganz schwindlig wurde. Ich war den beiden richtiggehend ausgeliefert. Beide hatten einvernehmlich einfach das Kommando übernommen! Nach wenigen Minuten hatten sie es geschafft: Ich kaufte den Rock, ohne zu protestieren. Später ärgerte ich mich darüber und spürte dieser offensichtlichen Grenzverletzung nach. Vor dem Einschlafen erinnerte ich mich daran, dass so etwas auch früher schon geschehen war. Ich musste die Sachen meiner Schwester auftragen, egal, ob sie mir gefielen oder nicht. Manchmal sah das vielleicht schräg aus ... oh weia! Meine Schwester hatte ein großes Interesse daran, dass ich ihre Sachen übernahm, da sie sich nur dann etwas Neues kaufen durfte. Und meine Mutter hatte Interesse daran, weil durch das erneute Tragen die Sachen rückwirkend günstiger wurden. Um des lieben Friedens Willen habe ich das immer mitgemacht. Und später habe ich die getragenen Sachen von fremden Frauen übernommen. Ich war oft richtig gehemmt, wenn ich mir ein neues Teil kaufen wollte, das womöglich nicht einmal im Preis reduziert war. Bis zu diesem Gruselnachmittag mit der Nachbarin. Im Bett ging mir ein Licht auf. Ich verstand auf einmal auch, wieso ich nicht gerne einkaufen ging. Ich schützte mich auf diese Weise einfach vor dem inneren Konflikt! Am nächsten Morgen brachte ich den Rock sofort zurück, ging in die Stadt und kaufte mir einen nagelneuen. Bis heute habe ich keinen Secondhandladen mehr betreten. Genug aufgetragen! Genug gespart!«

Ganz genau! Genug aufgetragen, genug gespart. Wenn das die Wunde ist, die schmerzt, dann ist es höchste Zeit für eine Portion Salbe. Nur weil wir als Jugendliche den Regeln unserer Eltern ausgeliefert waren, müssen wir sie nicht auch noch als Erwachsene beibehalten. Wir dürfen beschließen, dass es vorbei ist. Dass wir unsere eigenen Regeln haben. Wie diese Regeln aussehen, geht niemanden etwas an. Sie müssen heute weder Vati noch Mutti gefallen. Auch nicht Ihren Kindern. Auch nicht Ihrem Mann. Sie sind die Hauptperson! Ihr Geschmack zählt! Der Wunsch nach einem eigenen Wohlbefinden, braucht keine Absolution.

Monika, 35 Jahre

»Ich bin immer versucht, zugunsten meiner Tochter auf etwas zu verzichten. Unser Budget ist nicht sehr groß und wenn Sandra einen Herzenswunsch hat, dann stelle ich meine Bedürfnisse zurück. Denke mir, der alte Rock tut es noch eine Weile. Beruhige mich mit: Der ist doch gar nicht schlecht. Ich bleibe dabei mit meiner eigenen Weiblichkeit auf der Strecke, wird mir langsam klar.«

Wahrscheinlich wissen auch Sie, wie sich das anfühlt, wenn man nicht über sich bestimmen kann, sich nicht anziehend, nicht weiblich fühlt, für andere zurücktritt, verzichtet. Damit Ruhe ist. Damit es anderen besser geht. Damit man weiter im Schatten bleiben kann.

Fühlen Sie nun genau hin, was es braucht, um diesen Mangel zu beheben. Sagen Sie sich immer wieder: »Ich bestimme von nun an über mich selbst, und nichts und niemand kann mich zwingen, etwas zu tragen oder zu essen, was ich nicht will!« Gönnen Sie sich die Freude, Ihren eigenen Stil zu finden. Fühlen Sie genau hin, welche Kleidungsstücke Ihnen gut tun, zu Ihnen passen. Sie wissen doch: »Kleider machen Leute«. Ich sage: »Kleider machen Frauen«.

Kleider drücken etwas von Ihrer Person und Ihrem Wesen aus. Farben beruhigen oder machen munter. Ein Stoff macht leicht oder tröstet. Seide schützt.

Freuen Sie sich darauf, wenn Sie mit sich einen Einkaufsbummel machen. Es ist nicht lästig. Es ist nicht unangenehm. Diese Gefühle tauchen nur dann auf, wenn Sie sich diese Zeit, diese Geschenke aus irgendeinem Grund nicht gönnen. Finden Sie heraus, wann genau diese unangenehmen Gefühle entstehen, und entscheiden Sie sich für Wohlbefinden und Freude.

Entdecken und sammeln

Wir sind alle voller Schönheit, Kraft und Fantasie. Alle Möglichkeiten liegen in uns, und wir wachsen, wenn wir auf diese Power vertrauen und sie zulassen. Auch die schwierigen, belastenden oder konfliktreichen Zeiten in unserem Leben bergen für uns Geschenke. Machen wir uns auf, sie für uns zu entdecken und zu nutzen.

 Übung

Erinnern Sie sich, wie Sie früher aussahen, als Sie sich noch nicht alleine einkleiden durften und ihr Taschengeld gering war. Suchen Sie Fotos von sich, malen Sie sich oder schreiben Sie auf, was Sie damals an sich nicht mochten. Vielleicht fühlten Sie sich schön. Vielleicht fühlten Sie sich aber auch unscheinbar und übersehen. Oder Sie lebten in dem Glauben, dass alle anderen Mädchen größer, stärker, schlanker, schöner waren als Sie.

Betrachten Sie sich diese Bilder eine Weile. Falls Sie Fotos von sich gefunden haben, dann betrachten Sie sich darauf ganz genau. Blicken Sie sich in die Augen und vertiefen Sie sich in den Ausdruck Ihres Gesichtes.

Hat das junge Mädchen, das Sie da sehen, vielleicht doch etwas ganz Besonderes? Etwas, das Sie bislang übersehen haben, das Ihnen gar nicht auffiel? Ist da vielleicht ein kleines Schmunzeln auf den Lippen? Oder blickt das Mädchen so süß ernsthaft in die Welt? Hat es Schalk in den Augen oder schaut es bockig drein?

Spüren Sie den Emotionen nach, die sich jetzt melden. Fühlen Sie vielleicht Scham? Wut? Zorn? Bitterkeit? Werden Sie hämisch oder wollen Sie sich schützend vor das Mädchen stellen? Schreiben Sie alle Ihre Gedanken auf.

Nun finden Sie heraus, was Ihnen die Zeit von damals schenkte. Was haben Sie alles gelernt, gerade weil Sie so aussahen, wie Sie damals aussahen? Was war Ihr Gewinn? Können Sie sich vielleicht heute sehr gut in andere hineinfühlen? Haben Sie gelernt, sich zu wehren? Für sich zu sorgen? Haben Sie Schutz von Freundinnen erfahren und können deswegen heute Schutz weitergeben? Wurden Sie geliebt, unabhängig davon, was Sie am Leibe trugen, weil es einzig auf Ihren Wert ankam? Haben Sie versucht, Ihre zerstrittenen Eltern wieder zusammenzubringen, oder haben Sie für sie anderweitig gesorgt – vielleicht die Eltern aufgeheitert, wenn sie traurig waren? Haben Sie Fürsorge gelernt oder sind Sie eine gute Vermittlerin? Können Sie diesen besonderen Wert benennen?

Schreiben Sie alle Erfahrungen auf und freuen Sie sich über jeden Gewinn, der hinzukommt. Machen Sie sich eine Liste von all Ihren wunderbaren Eigenschaften und Werten und schauen Sie sich diese Liste immer wieder an. Nehmen Sie sich vor, schwierige Zeiten von nun an als Herausforderung zu betrachten und als eine Möglichkeit, etwas zu lernen. Würdigen Sie all das Wissen, alle Erfahrungen, die Sie in sich tragen und die aus Ihnen einen einzigartigen Menschen machen.

Bin das ich? Die Feindin im Spiegel

Es gibt eine bestimmte Boutique, in die gehe ich besonders ungern, aber das vielfältige Modeangebot zieht mich immer wieder an. Erst winde ich mich, will nicht, dann kann ich nicht widerstehen. Auf einen Blick nur, denke ich mir. Und so ist es dann: Ein Blick und ich bin bedient.

Allerdings handelt es sich hierbei nicht um den Blick nach Hosen und Pullovern, sondern um den Blick in einen ganz normalen Spiegel. In einer Ecke des Geschäfts lauert dieses hinterhältige Ding auf mich. Wann immer ich auch hineinblicke, sehe ich mich blass, mit scheußlichen Rändern unter den Augen und mein Körper gewinnt noch ein paar Kilo hinzu. Es scheint fast so, als würde ich nur kommen, um mir diese Ohrfeige abzuholen. Wie ein Dieb stehle ich mich um die Ecke und linse bereits aus einigen Metern Abstand vorsichtig in seine Richtung. Peng! Der Spiegel ist bösartig, er hat mit meinem Bild auf mich geschossen.

Wie sehe ich denn wieder aus?
Wird das denn niemals besser?
Ich muss abnehmen!
Ich muss zum Friseur!
Ich muss endlich mehr strahlen!

Es ist jedes Mal dasselbe, ohne Ausnahme. Der Spiegel ist fies und wird es auch bleiben. Der böse Wille liegt in seiner Natur. Er ist aus demselben Holz wie meine Personenwaage geschnitzt. Und mir bleibt nichts anderes übrig, als zuzusehen, wie ich mich von dem jeweiligen Schlag erhole. Was ist da los? Wenn ich das weiß, warum gehe ich dann jedes Mal wieder in diese Boutique? Bin ich Masochistin? Nein, das bin ich nicht. Habe ich nichts Besseres zu tun? Doch, das habe ich. Nur, der Spiegel und ich, wir haben eine gemeinsame Geschichte. Seit unserem ersten Treffen begegnen wir uns nicht nur immer wieder, sondern auch immer auf dieselbe Weise. Unsere erste Begegnung sitzt mir bis heute tief in den Knochen. Damals baute ich mich vor ihm auf, um mich in einem neuen Pullover zu betrachten. Ich erschrak, weil ich so grau und alt darin aussah. Zog einen anderen Pullover an, mit ähnlichem Erfolg. Die nächsten Treffen hatten nur einen Zweck, nämlich den, diese Wahrnehmung zu überprüfen. Ich wollte diesem Spiegelbild nicht glauben. Das zweite Treffen glich dem ersten. Das dritte Treffen glich dem zweiten. Und so ging das eine ganze Weile. Ich ärgerte mich über mich (»Warum sehe ich nur immer so bescheuert aus?« »Warum regt es mich auf?« »Warum gehe ich immer wieder dorthin?«), und ich ärgerte mich über den Spiegel.

Das Spiegelbild sollte sich verbessern. Ich wollte nicht so sein, nicht so aussehen. Ich wollte endlich wieder aufatmen und fröhlich meines Weges ziehen. Der Spiegel sollte seine Unfähigkeit bekennen und sich freundlich zeigen. Unter uns, es konnte doch nicht angehen, dass ich immer gleich aussah? Immer grau. Immer faltig. Immer müde.

Aber genau das konnte es. Auch das Wissen, dass besonders die Spiegel in Boutiquen ihre Macken haben, erleichterte mich nicht. »Die machen immer schlanker, als man ist«, klärte mich Brigitte auf. »Sie wollen, dass man sich in den Kleidern gut gefällt und sofort kauft.« »Dieser

Spiegel macht aber dick«, erwiderte ich sachlich und darauf wusste selbst Brigitte nichts zu sagen.

Was ist meine Hoffnung? Etwa der Moment, in dem ich hineinblicke und begeistert rufe: »Du siehst wunderbar aus!« Und sollte diese österliche und weihnachtliche Freude irgendwann tatsächlich einmal auf einen Tag fallen, wäre ich dann geheilt? Ich befürchte, noch immer nicht. Denn von diesem Augenblick an müsste ich ja das positive Ergebnis überprüfen. Ist es auch das nächste Mal noch so, dass ich gut aussehe? Bleibt es so, wann immer ich in den Spiegel schaue?

Und nehmen wir einmal an, der Himmel wäre mir gnädig, würde ich dann endlich Ruhe geben und an das Ergebnis glauben? Nein, sicher nicht. Misstrauisch, wie ich nun einmal bin, würde ich davon ausgehen, dass die Geschäftsleitung den Spiegel (aufgrund des lautstarken weiblichen Protestes) ausgewechselt hätte. Oder dass er nur in einer anderen Ecke steht. Ich müsste mich auf die Suche nach meinem, dem ›wahren‹ Spiegel machen.

Was wäre, würde mir nach dem einen optischen Lichtblick wieder das Monster entgegenblicken? Was glauben Sie, wie würde ich wohl reagieren? Ich würde das Highlight in Frage stellen – nicht das Monster. Beim Monster hat der Spiegel recht. Die kleine Süße aber, die mir schon mal daraus entgegenzwinkerte, war eine kurze Atempause des Schicksals. Eine Fata Morgana.

Es gibt nur eine Wahrheit und die lautet: Ein solches Spiegelverhalten ist frauenfeindlich! Beinahe jedes Spiegelverhalten ist frauenfeindlich, und zwar von der Frau, die gerade hineinblickt und gegenüber der Frau, die aus dem Spiegel herausschaut. Dazu braucht es kein Übergewicht und keine geschwollenen Augenlider.

Spiegel finden sich auch in unserer Umwelt. Dort bewegen sie sich allerdings auf zwei Beinen. Die netten Kollegen, die Familie, der Freund oder Partner. Besonders, wenn wir etwas Neues ausprobieren, wird dies von der Außenwelt scharf kommentiert. Leonie Ossowski hat solch einen Moment in ihrem Roman *Die schöne Gegenwart* beschrieben. Eine Frau wird von ihrem Mann verlassen und stellt sich dieser neuen Situation. Ich sage bewusst ›stellen‹. Eine gute Freundin ist sie sich dabei nicht: »Zum ersten Mal seit meiner Trennung von Fred stellte ich mich im Flur vor den mannsgroßen Garderobenspiegel und betrachtete mich. Eine Jammergestalt. Eine alte Frau mit Rändern unter den Augen und hängenden Schultern, die Haare viel zu streng nach hinten gebürstet und einer Kleidung, deren Belanglosigkeit schwer zu überbieten war, kein Rot auf den Lippen, kein Schmuck an Armen und Händen, auch keine Kette um den Hals. Eine Büßerin im Büßergewand, ein Überbleibsel, eine Frau ohne Mann, die sich aufgegeben hatte. Nicht einmal die Kinder machten noch von ihr Gebrauch. Und laut sagte ich mir ins Gesicht: Du bist für niemanden mehr wichtig, du bist überflüssig wie ein Kropf, eine nichtsnutzige Drohne, die sich bis an ihr Lebensende von ihrem Exmann Unterhalt zahlen lässt. Es hätte nicht viel gefehlt, und ich hätte in den Spiegel geschlagen.«

Die Macht von Bewertungen

Den Mann möchte ich kennen lernen, der auf diese Weise mit sich spricht. Der sich als ein Überbleibsel bezeichnet. Der sein Aussehen derart hart beschreibt. Der das depressive Bild, das er im Spiegel sieht, auf sein ganzes Leben überträgt.

Nun, diese Frau in dem Buch, Nele, wird sich daraufhin sofort äußerlich verändern. Sie schenkt sich eine neue Frisur, ein neues Outfit. Neben all dem Schrecken hat sie auch noch etwas anderes im Spiegel entdeckt: ein Lächeln. Etwas in ihr ist also, trotz der ganzen Ereignisse, voller Kraft und Frohsinn. Heil. Sie verändert sich. Nicht nur innerlich, nein, sie wechselt auch ihre Garderobe. Ihr Sohn findet das unmöglich. Er meckert an ihr herum, macht sich über Nele lustig. Und wie reagiert Nele darauf? »Alle Freude an meinen neuen Kleidern und meinem veränderten Aussehen war mir vergangen, als dürfte ich mir das alles nicht leisten. Wenn ich nicht meine nichtssagenden dunklen Klamotten weggeräumt hätte, wer weiß, vielleicht hätte ich sie wieder angezogen (...) Ich hatte etwas falsch gemacht und wusste nicht, was. Am liebsten hätte ich meinen Spiegel verhängt, um nicht in Versuchung zu geraten, hineinzuschauen, denn ich schämte mich. Ich war zu weit gegangen. Ich hatte mich auf ein Pferd gesetzt, ohne reiten zu können, und nun war ich heruntergefallen.«

Frauen suchen sehr oft Anerkennung und Bestätigung für ihr Tun und ihre Wirkung bei anderen. Der Grund mag auch darin liegen, dass das Äußere von Frauen eine andere Beachtung findet als das von Männern. Es wird ständig kommentiert. Eine Politikerin wird nicht nur nach ihrem Programm bewertet, sondern auch, ob sie bestimmten weiblichen Normen entspricht. Ob wir den heiß ersehnten Job bekommen, kann sich auch an unserem Gewicht entscheiden. Bald beginnen auch wir, Erfolg im Beruf, eine stabile innere Verfassung, ein erfülltes Sexualleben, Glück in der Liebe an unserem Äußeren festzumachen. Wir geraten unter Druck, wollen bemerkt werden. Da der Markt groß ist und die Schönheitsanforderungen hoch, haben wir jedoch ständig das Gefühl, nicht zu genügen. Ein Mensch, der sich so fühlt, wird vorneweg übersehen. Menschen, die darüber klagen, einsam zu sein, werden einsam werden. So will es das universelle Gesetz.

Kein Wunder also, dass wir immer strahlen wollen, denn nur strahlende Frauen wirken anziehend. Sie vermitteln den Eindruck, umgänglich, unproblematisch und spontan zu sein. (All das, was bei jobsuchenden Männern nicht an erster Stelle steht. Einem allzu spontanen Mann ist nicht zu trauen.) Frauen überprüfen in Spiegeln, ob sie diesem Anspruch genügen. Sie setzen sich Masken auf, spielen eine Rolle, aus Angst, etwaige Unsicherheiten könnten bemerkt werden. Sie wollen kein Problemfall sein, besonders wenn sie älter werden. Hat eine junge Frau ein Problem, kann sie ›Sugardaddy‹ unterstützen. Hat eine ältere Frau ein Problem, wird sie eines. Keine schönen Aussichten ...

Trösten Sie sich. Sugardaddys ›Hilfe‹ besteht nur darin, sein eigenes Image aufzumöbeln. Sie und ich sind auf solche Hilfe nicht angewiesen. Wenn wir überhaupt einen Zuspruch brauchen, dann unseren eigenen.

Gudrun, 30 Jahre

»Wie abhängig ich von dem Urteil anderer bin, traf mich eines Morgens mit der Wucht eines Schlages. Ich hatte mich geduscht, angezogen und mich ›für recht befunden‹. Die Haare lagen gut, ich hatte keinen Pickel. Ein normaler Tag. Kaum bin ich im Büro, kommt eine Kollegin auf mich zugeschossen und fragt mich, ob es mir denn schlecht ginge, ich sei so blass, hätte Ringe unter den Augen. Ich verneinte und eine andere Kollegin gesellte sich dazu. Doch doch, ich sei richtig blass, ob ich Probleme mit dem Magen hätte? Und ob Sie es mir glauben oder nicht, es wurde mir auf einmal schlecht. Ich ging auf die Toilette, blickte in den Spiegel und stellte fest, dass ich erbärmlich aussah! Nachdem ich mich davon erholt hatte, kam mir die Idee, ob ich am Ende nur reagierte? Ich überlegte, dass ich mich vielleicht nur deswegen so krank fühlte, weil man mein Aussehen in Frage gestellt hatte. Ich entschied mich für eine positivere Sicht, sagte mir, dass alles in Ordnung wäre, es mir wohl sei und ich außerdem eine völlig normale Gesichtsfarbe hätte. Damit war die Übelkeit vorbei. Diese Situation war mir eine Lehre.«

Oft genug überprüfen wir nicht, was andere Menschen oder dämliche Spiegel zu uns sagen. Wir halten alles für bare Münze. Es ist ein Urteil, das wir über uns fällen lassen. Manchmal ein positives, manchmal ein negatives, aber immer ein Urteil von außen. Und wenn wir nicht besonders gut drauf sind, werfen wir uns noch schnell selbst ein paar verbale Knüppel zwischen die Beine:

- Klar, dass ausgerechnet wieder ich so müde aussehe!
- Jetzt sieht man es also, dass ich älter werde!
- Neben diesem Mann sehe ich wie ein Schrotthaufen aus.
- Neben dieser Frau sehe ich erbärmlich aus.
- Mit mir stimmt was nicht. Ich bin einfach nicht in Ordnung.
- Am liebsten würde ich mir einen Sack über den Kopf ziehen. Das wäre das Beste.
- Ich lass mich operieren, jetzt reicht's!

Man könnte dieses Verhalten auch ›ferngesteuert‹ nennen. Wir legen unsere Seele in andere Hände, ohne sicher zu sein, dass diese Menschen uns wohl wollen und ihre Ansichten umsichtig vertreten. Wir passen nicht auf uns auf.

Trotz all der Bücher, die wir zum Thema Selbstbewusstsein gelesen haben, sind wir noch immer nicht sattelfest. Immer wieder befallen uns die alten, selbstzerstörerischen Gefühle.

Sich selbst in den Arm nehmen

Es ist wohl so, dass wir, was diese Versuchung angeht, ständig wachsam bleiben und immer weiter lernen, üben müssen. Die Fürsorge für uns selbst muss ein fester Programmpunkt in unserem Leben werden. Gegenläufig zu dem, was wir häufig schon als Kinder von uns dachten.

Elena, 42 Jahre

»Ich war wie vom Blitz getroffen, als meine Tochter aus dem Bad kam und zu mir sagte: ›Ich bin so hässlich! Die anderen sagen das auch!‹ Da war sie gerade mal elf Jahre alt. Ein süßes, bezopftes, vorlautes Mädchen. Ich war entsetzt und hilflos. Auch ich hatte als Kind so empfunden. Und wenn ich ehrlich bin, manchmal denke ich noch heute so. Ich will nicht, dass meine Tochter unter denselben Druck gerät, aber es ist als Mutter schwer dagegenzuhalten. Ab diesem Tag fing sie an, Kalorien zu zählen und hungerte sich die Pfunde runter. Es war schrecklich, ich wollte, dass sie sich stark und hübsch fühlte, sie sollte sich nicht so minderwertig fühlen, wie ich es manchmal tat.«

In jeder Zeitschrift finden wir genügend Beispiele, dass wir nicht recht sind, so wie wir sind. Pausenlos berieselt uns die Werbung mit nur ein und derselben Botschaft: Sieh dich doch endlich mal genau an! Sei doch ehrlich: Du brauchst einen neuen, einen anderen Lippenstift! Eine andere Haarfarbe und Frisur! ›Du darfst‹ abnehmen! (Und wenn ich gar nicht will?) Dein Schmuck ist zu billig, richtig schönen Frauen schenkt man wertvolle Glitzereien. Du trägst keine verführerischen Strümpfe. Keine exklusiven Schuhe. Überhaupt, deine Beine haben Zellulitis, warum machst du keine Übungen dagegen? Warum machst du nicht eine Diät? Dein Busen hängt. Dein Hals ist faltig. Deine Hände bekommen Flecken ...

Selbst Frauen, die von sich behaupten, sie fänden sich ganz hübsch, werden zügig eines Besseren belehrt. Du magst dich, das ist ja schön und gut, wir werden dir nun aber zeigen, wie du dich noch besser fühlen kannst.

Es ist schwer, diese Botschaften zu überhören. Wir sind inneren Schwankungen unterworfen, äußeren Gesetzmäßigkeiten, Wünschen, Zielen, einem Sehnen, das wir uns erfüllen möchten. Nicht immer schaffen wir es deshalb, uns selbst zu unterstützen, uns selbst schön zu finden und diese Schönheit auch zu leben. Aber immer öfter! Sich selbst in den Arm zu nehmen, sich selbst zu sagen, dass man an sich glaubt, als Frau und Mensch, gibt ein gutes Gefühl, das nach außen strahlt.

Tanja, 36 Jahre

»Seit ich begonnen habe, mich bewusst mehr zu mögen, hat sich mein Leben komplett verändert. Ich lebe nun viel mehr das, was ich wirklich will, und bin viel öfter heiter. Es ist so eine Art Gelassenheit, ein Glaube an mich selbst, der immer tiefer wird. Meine Freundschaften sind intensiver geworden, die Beziehung zu meinem Mann hat sich stabilisiert. Seit ich mein Frauenleben ganz bewusst gestalte, beachtet und würdigt er mich wieder mehr. Das hat unserer Partnerschaft sehr gut getan.«

Die Frau in sich zu ehren, bedeutet, jegliche Manipulation zu bemerken und sie für sich zu beenden. Ein liebendes Gefühl für sich zu entwickeln, heißt, in Fluss zu sein, ohne dass dies eine neue Aufgabe wird, oder wie die Autorin Jennifer Louden schreibt: »... ein neuer Stress- und Strategiepunkt in unserem Leben«. In Fluss sein mit dem Älterwerden, dem Sich-jung-Fühlen, dem Aussehen.

Ich persönlich nehme mir gerne ein Beispiel an dunkelhäutigen Mamas. Sie wiegen sich in den Hüften, singen laut und kämen nie auf die Idee, sich durch ein Spiegelbild dermaßen verunsichern zu lassen. Sie sind sinnlich, ohne dass man es ihnen sagt. Sie ziehen sich bunte Kleider an, weil sie sich bunt fühlen, nicht weil die Mode es gerade eben will. Und sie gestehen sich auch zu, dass sich ihr Körper mit zunehmendem Alter verändert. Freunden Sie sich mit diesem Körper und Ihrer Seele an.

Folter im Fitness-Studio

Stimmen Sie mir zu, dass jeglicher Spiegel dennoch irgendwie erträglich ist, steht er nicht in einer Badeanstalt, Sauna oder gar in einem Fitness-Studio? Wohl selten fühlt man sich angesichts seiner Massen unförmiger und ungelenker. Es ist schon ein großer Schritt, sich mit etwas zu viel Speck auf den Rippen in solch einen Tempel zu wagen. Im Grunde sollte es Fitness-Studios geben, die einen in den Zustand trainieren, den es braucht, um in Fitness-Studios zu trainieren.

Da ich nicht nur über Körper und Seele schreiben möchte, habe ich mich in die ›Hallen des besonderen Schönsinns‹ gewagt. Nachdem ich seit ein paar Monaten jogge, fühlte ich mich bereit. Zugegebenermaßen war der Schock größe, als ich erwartet hatte. Der Probekurs hieß *AfroDance*. Hier, dachte ich, bist du mit deinem großen Busen und den wallenden Hüften prima aufgehoben. In Schlabberhosen und weitem T-Shirt rollte ich auf dem Parkplatz an. Doch dann:

»Der Kurs fällt leider aus!«

»Ah so??!!??«

»Mach doch einfach *House Move*!«

»??????«

»Das ist so was Ähnliches.«

Unwissend wie ich bin, hätte es mich nicht schlimmer treffen können. Schon in der Umkleide wurde mir umgehend bewusst, dass mein Outfit nicht dem hier gewünschten Standard entsprach. Zudem war ich weder geschminkt, trug keinen Schmuck, hatte weder Zöpfchen, noch zeigte ich einen gepiercten Bauchnabel.

Im Tanzraum dann eine Reihe sehr schlanker Frauen, die sich darüber Gedanken machten, ob der Raum von außen wohl einzusehen sei. Mein Blick wanderte zu der großen Spiegelwand. Da standen wir nun also. Die feschen, gepiercten Mädels und ich.

Käsig, schlecht angezogen, müde und ungekämmt, passte ich ganz und gar nicht in das Bild dieser flotten Truppe. Ich stach heraus, und zwar nicht durch Glanz und Blüte.

Das Bemerkenswerte war nur, dass nicht ich es war, die deswegen unsicher wurde. Es waren durchwegs die schlanken Frauen, die ich miteinander jammern hörte:

Wenn ich in den Spiegel sehe, wird mir übel.

Ich mag gar nicht hinsehen.

Ich bin so fett!

Es kostet mich Überwindung, mir beim Tanzen zuzuschauen.

Ich sehe aus wie ein Elefant!

In Augenblicken dieser Art bemerken Sie, dass sich etwas in Ihnen bereits verändert. Es geht nicht darum, sich das Aussehen einer Gazelle einzureden, sondern Ziel ist es, sich so anzunehmen, wie man ist, oder sich vorzunehmen, daran etwas für sich zu verändern. Natürlich sah es nicht schön aus, als ich der Trainerin nachtanzte. Im Gegenteil, ich eierte ziemlich plump über das Parkett. Ich machte mich jedoch nicht fertig, sondern sagte mir:

Du bist darin nicht geübt. Kein Wunder also, dass der Schritt nicht klappt.

Vielleicht kann ich auch mal so etwas Buntes zum Sport anziehen.

Ich bin zwar bleich wie ein Mehlwurm, aber unter die Sonnenbank mag ich mich trotzdem nicht legen.
Ich bin total steif, das will ich ändern.
Es ist schwer, hier mitzuhalten.
Es macht aber Spaß und ich möchte weiter üben.
Ich schimpfte mich weder ein Trampeltier noch einen Fettsack, noch machte ich mein weiteres Leben davon abhängig, wie ich tanzenderweise wirkte. Der Spiegel war mir ein Gegenüber, aber kein Feind.
Wenn Sie diesen Gedankenumschwung bei sich entdecken, ist dies der fühlbare Unterschied zu damals. Sie haben dann damit aufgehört, sich von fremden Maßstäben beeindrucken zu lassen.

Von der Quelle heilen lassen

Jeder Mensch trägt in sich einen Ort der Freude, eine Form von Entspannung, ein Gefühl der Kraft, Geborgenheit und des »genauso richtig sein, wie man ist«. Im NLP nennt man dieses Gefühl: Die Quelle. Die Quelle ist unser innerer Platz der Ruhe. Hier können wir auftanken und Kraft für unser Leben sammeln. Die Quelle heilt, ermutigt und bringt Sie in Einklang mit sich und der Welt. Sie sind dann in ›Resonanz‹. Wenn Sie das Gefühl der Resonanz in sich tragen, erfreuen Sie sich an Ihrer Einzigartigkeit und wagen Sie es, Ihrer inneren Stimme zu folgen, Ihre Sehnsüchte zu leben und mit anderen zu teilen. Wenn Sie mit sich in Resonanz sind, wissen Sie, was Ihnen gefällt und was Ihnen gut tut.

Nennen Sie eine Situation, die sie gerade bedrückt, unsicher macht oder verletzt. Möchten Sie dieses verletzte oder unsichere Gefühl nun heilen?

Wenn ja, dann machen Sie es sich jetzt bequem und vergewissern Sie sich, dass Sie eine halbe Stunde ungestört sind. Gehen Sie mit den Gedanken in die Vergangenheit, lassen Sie sich von der Erinnerung treiben. Gab es einen Ort, an dem Sie sich richtig heil, wohl und lebendig fühlten? Einen Platz der Ruhe, der Kraft? Suchen Sie sich das beste Bild aus und spüren Sie diesem Ort mit all Ihren Sinnen nach. Welche Geräusche, Gerüche, Farben gibt es dort? Fühlen Sie das wohlige Gefühl, das Sie dort umfängt? Verweilen Sie so lange in dieser positiven Erfahrung, bis Ihr ganzer Körper davon durchflutet ist.

Nun sehen Sie sich auf einer Bühne. Sie betrachten sich, die ungute Situation, als wäre alles nur ein Theaterstück. Schauen Sie sich das Stück, den Film, die Problemsituation ganz genau an. Zu Beginn geht es Ihnen vielleicht noch gut und Sie sind fröhlich. Am Schluss des Films könnte es sein, dass Sie nicht mehr so kraftvoll sind. Wenn Sie möchten, können Sie den Menschen, die in dem Film auftauchen, auch Kostüme anziehen, damit die Rollen besser passen. Betrachten Sie sich den Film genau. Nun, das ist der nächste Schritt: Lassen Sie den Film, das Stück, mindestens fünf Mal rückwärts laufen!

Es wird dabei die Kodierung umgedreht. Bisher: von Gutgehen zum Schlechtgehen. Zukünftig: vom Schlechtgehen zum Gutgehen.

Nach dem fünften Mal lassen Sie den Vorhang auf der Bühne zugehen. Beauftragen Sie Ihr Unterbewusstsein, Ihren Ort der Kraft, das Licht, diese Situation in den nächsten drei Minuten so zu heilen, dass es Ihnen und allen Beteiligten gut geht und alle das haben, was sie brauchen.

Erst dann geht der Vorhang wieder auf. Betrachten Sie sich erneut das nun veränderte Stück. Nehmen Sie es mit allen Einzelheiten auf und integrieren Sie das Neue in Ihren Körper, sodass jede Zelle und jedes Atom die neue Kodierung kennen lernt. Spüren Sie dieser Empfindung mit allen Sinnen nach.

Stellen Sie sich mindestens drei zukünftige Situationen vor. Wie zeigen sich diese Situationen dank der neuen Möglichkeiten? Nehmen Sie das neue Gefühl in Ihrem ganzen Körper wahr und atmen Sie es tief in sich hinein.

Gönn dir was!
Luxus als Programm

»Nur eine sparsame Frau ist eine wirklich gute Frau«, höre ich meine Tante Gertrud noch heute sehr bestimmend sagen. Tante Gertrud hatte im Zweiten Weltkrieg ihren Mann verloren und nie wieder neu geheiratet. Das hielt sie freilich nicht davon ab, mich ungefragt mit guten Ratschlägen und Tipps zu versorgen, wie mit dem männlichen Geschlecht als solches und der Haushaltsführung zu verfahren sei. Von diesen guten Ratschlägen hatte sie mehr als genug im Repertoire. Tante Gertrud zauberte die leckersten Speisen aus irgendwelchen Resten. Sie konnte einen alten Gardinenstoff in einen Rock verwandeln, nähte aus löchrigen Handtüchern Waschlappen. Ihr Lebensmotto war Genügsamkeit. Das einzige Motto, das für sie wirklich zählte.

Heute haben wir ganz andere Zeiten, dennoch erfreuen sich Initiativen wie Geizhals e.V. größter Beliebtheit. Da werden aus alten Schlafsäcken Hausmäntel genäht (Heizkosten sparen!), die Haare selbst geschnitten, die Waschmaschine wird wieder von Hand betrieben. Wir verdienen genug Geld, haben schöne Wohnungen, elektrisches Licht und Heizung, aber so richtig bewundert werden wir offenbar erst dann, wenn wir es verstehen, aus wenig viel zu machen.

Sparsamkeit ist noch immer die weibliche Tugend Nummer eins. Frauen sind ideenreich, verstehen zu basteln, zu zaubern. In nahezu allen Frauenmagazinen finden wir in der Weihnachtszeit Anleitungen, wie man aus Pappe Blumenvasen, aus alten Socken Buchumschläge, aus Wollresten Schmusedecken macht.

Frauen sind Resteverwerter. Sie essen das auf, was ihre Kinder auf dem Teller übrig lassen, und dass sie aufgehört haben, samstags in das Badewasser ihrer Familie (natürlich als letzte) zu steigen, bewerte ich angesichts der Geizhalstruppe als einen revolutionären Fortschritt.

Der kleine Unterschied: Frauen verkaufen Secondhand-Klamotten, Männer Antiquitäten. Frauen machen sich gegenseitig Heimdauerwellen, Männer hauen gegenseitig auf den Putz. Wir sind auf Gebieten geschult und erfindungsreich, die keine neuen Erfindungen, sondern der Abschaffung bedürften!

Martina, 38 Jahre

»Ich habe 1977 Mittlere Reife gemacht. Als ich in die Schule ging, waren Mädchen in Hosen noch verpönt. Neulich habe ich das Heft aus meinem Haushaltsunterricht gefunden. Es war unglaublich, was wir da alles lernten. Falscher Hase, falsches Schnitzel, Torte mit Sparrahm. Im Grunde bestand der ganze Unterricht nur aus Tipps, wie mit Speiseresten umzugehen ist. Wie die gute Hausfrau aus ein paar übrig gebliebenen Nudeln und Karotten einen Auflauf bäckt, der sich sehen lassen kann. Wir haben niemals über Verwöhnmenüs gesprochen. Weder für uns noch für die Familie. Alles war nur auf Dürftigkeit ausgerichtet.«

Sicher ist es eine Kunst, aus ›wenig‹ ›viel‹ zu machen, und dass der Nahrung ein achtungsvoller Umgang gebührt.

Aber ich wehre mich dagegen, dass dieser Auftrag sich zum Lebensmittelpunkt gestaltet. Das Programm ›Sparsamkeit‹ hat man uns schon mit der Muttermilch mitgegeben. Das Programm:

- ›Lass es dir gut gehen.
- Verwöhn dich!
- Nur das Beste ist gut genug für dich.
- Lass dich von anderen gut behandeln.
- Nach oben gibt es keine Grenze

zeigt hingegen enorme Lücken. Die Ursachen dafür liegen weit zurück. In Zeiten, in denen es einfach wenig gab, wollten Frauen durch Tüchtigkeit beeindrucken. Die Männer sollten die Hausfrau und Mutter in uns achten. Sie sollten immun sein, wenn Luxusweiber mit ihren Wimpern klimpern. Schließlich hatten sie zu Hause etwas Anderes, Besseres. Eine treu sorgende Partnerin, die ihnen den Rücken stärkt. Eine Frau, ohne die »man es nie geschafft hätte«. Kurzum, eine Frau, die spart und nicht zur Kosmetikerin geht.

Katharina, 36 Jahre

»Ich habe zwar keinen Staubwedel mehr in der Hand, aber wenn ich mich mit meiner Mutter in jungen Jahren vergleiche, finde ich nicht so viele Unterschiede. Meine Mutter hat sich selbst nie etwas gegönnt, nichts für sich beansprucht. Immer waren erst die anderen an der Reihe. Das hat sie auch mir so beigebracht. Ich weiß noch, mit welchem schlechten Gewissen ich mir mal Pralinen nur für mich kaufte. Ohne Grund, nur so aus Jux. Das war zu viel. Ich fand mich egoistisch! Das darf man nicht, dachte ich damals. ›Wie erschreckend!‹, denke ich heute!«

Ach, welcher Mann ist nicht froh über einen solch guten Geist unter seinem Dach? Das Problem ist nur: Die sparsame Hausfrau ist so attraktiv wie eine Tafel Ritter-Sport-

Schokolade – ›quadratisch, praktisch, gut‹. Und sie unterscheidet sich tatsächlich in nichts von Mutti. Sie kocht fast genauso ›prima‹ und wenn nicht, ist sie bemüht, sich darin zu schulen. Sie erzieht die Kinder, bringt ihnen Tischmanieren bei und kutschiert sie ohne zu jammern durch die Gegend. Sie hat einen grünen Daumen und bekommt selbst die schwierigsten Flecken aus dem Hemd des Gatten. Während er sich ausruht oder den Keller aufräumt, sorgt sie dafür, dass der Kühlschrank voll ist und die Stimmung ausgelassen.

Welch ein Pech haben die Männer, die ein Luxusweib versorgen müssen. Eine, die sie ausnimmt, um den Finger wickelt und ständig bestes Nougat, Schmuck und teure Mäntel will. Eine Frau, für die der Mann das Essen zahlen muss und den Champagner und die meckert, sitzt sie im Theater nicht in der ersten Reihe! Wie müssen diese Männer sich wohl fühlen?

Ich vermute mal ganz gut! Oder finden Sie es nicht auch seltsam, dass Männer sich nie eine Geliebte suchen, die ihnen die Falten aus den Hosen bügelt? Merkwürdig ist auch, dass gerade bei diesen Frauen finanzielle Dinge möglich sind, von denen ›Mutti‹ zu Hause jahrelang nur träumte.

Irgendwas liegt da also schief und zwar nicht nur im Mann-Frau-Beziehungsmuster, sondern in der Beziehung mit uns selbst. Die meisten von uns sind zur Bescheidenheit erzogen. Sie gönnen sich durchaus etwas ... aber erst, wenn Mann und Kinder satt sind. Leben die eigenen Eltern noch und sind sie wegen des Alters nun bedürftig, dann wird die Situation noch prekärer. Ist die eigene Wohnung endlich geputzt, heißt es bei den Eltern weitermachen, die, oft störrisch geworden, diese Fürsorge nicht richtig schätzen. Ich kenne viele erwachsene Menschen, die an der elterlichen Fürsorge, an dem gestellten Anspruch fast zerbrechen. Man ist als Tochter oder Sohn verpflichtet, sich zu kümmern.

Sie sitzen bei sich in der ersten Reihe!

Es ist schön, wenn Sie sich in der Lage sehen zu geben, aber solange Ihre Eltern noch selbst körperlich, geistig und finanziell für sich sorgen können, darf Sie dazu niemand verpflichten. Die Reihe hat sonst ganz schnell kein Ende. Immer mehr Personen stellen sonst Ansprüche: der Mann, die Kinder, die Eltern, die Schwiegereltern, Oma und Opa, der Verein, die Kirche, die Nachbarin, die Freundin. Irgendwann wissen Sie nicht mehr, in welchem der vielen Filme Sie eigentlich sind. Und alle loben Sie für: Sparsamkeit, Engagement, Großzügigkeit, Einsatz, Verfügbarkeit.

Und keiner fragt Sie: Ja, was tust du denn da eigentlich?

Vergessen Sie nicht in Ihrem Lebensfilm die Rollen zu überprüfen, sonst wird daraus für Sie ganz schnell ein Film, in dem Sie selbst nur Nebenrollen spielen.

Von dieser Sparmentalität ist auch manche Single-Frau betroffen. Der Hang zur Genügsamkeit ist weder an volle Konten noch an eine Familie, die zu versorgen ist, gebunden.

Tanja, 37 Jahre

»Ich lebe alleine, habe im Moment keine Beziehung und bin bislang kinderlos. Es gibt nichts und niemand, für den ich sparen müsste, und dennoch ertappe ich mich, dass ich immer, wenn ich einkaufen gehe, nach den Sonderangeboten schaue. Es ist mir peinlich, das so zu sagen, denn ich verdiene genügend Geld. Ich habe eine mittlere Führungsposition. Es ist auch nicht so, dass ich mir nichts leiste. Ich kann schon mal für ein Kleid ein paar Hundert Mark hinlegen, aber das ist dann mit größeren inneren Kämpfen verbunden. Ich muss mich selbst überzeugen und den Kauf als Ausnahme bewerten. Es käme mir nie in den Sinn, in einer Woche das Theater *und* die Oper zu besuchen. Events dieser Art müssen gestreut werden. In der

Pause gibt es keinen Champagner, sondern Sekt. Der ist auch gut, sage ich mir, und der Champagner überteuert. Erst jetzt, da Sie mich fragen, fällt mir das alles auf. Mein Verhalten ist nicht zwanghaft, sondern ein ständiges Buchhalten. Es ist eine permanente Korrektur, als dürfte ich nicht zu übermütig werden. ›Ein Stück Torte genügt!‹ Oder: ›Hier wird die Schokolade nicht gekauft, weil sie doch dort um eine Mark billiger ist.‹ Dabei könnte ich es mir so gut gehen lassen! Ich könnte jeden Monat mein Geld für schöne Dinge ausgeben. Könnte mich selbst verwöhnen. Es mir gut gehen lassen, ohne daraus einen Programmpunkt zu machen. Es könnte meine Lebensmaxime sein. Könnte.«

Könnte. Genau. Es könnte dies, es könnte das, aber wie kommt man nur dahin, an dieses könnte? Wie schaffen wir es, mit uns umzugehen, als wären wir aus feinem chinesischen Porzellan? Als wären wir unsere eigene Geliebte. Unser Luxusweib, das verwöhnt werden will. Das weiß, was ihr gut tut, und Spaß an exklusiven Dingen hat. Das sich auf keinen Stehplatz stellt und, wenn überhaupt, eine Nacht im Zug nur im Schlafwagen verbringt.

Wie gelangen wir zu dieser wunderbaren Lebenslust, diesem: Sich einfach nehmen, zu dieser Haltung, die ›Luxusweiber‹ einfach haben. Das Thema lautet nicht Geldverschwendung, sondern der wertschätzende Umgang mit sich selbst. Erst wenn wir uns in jeder, auch in der finanziellen, Beziehung achten, werden wir als Frau erblühen. Satt sein. Sie selbst wissen, wonach Ihr Innerstes sich sehnt. Aus welchen Gründen sollten Sie sich diese Wünsche verweigern?

Wünsche sind dazu da, dass man sie sich erfüllt!

Vor einigen Jahren arbeitete ich in einer sehr gehobenen Partnervermittlung. Wir hatten damals eine Kundin, die sich aus Prinzip verwöhnen ließ. Kaum war sie mit einem Mann bekannt, regnete es auch schon Bargeld, Schmuck und wunderbare Komplimente. Sie sollen natürlich keine Männer ›ausnehmen‹, sondern ich bitte Sie, mit mir gemeinsam zu überlegen, woran es liegt, dass diese Frau in ein Fünf-Sterne-Hotel ausgeführt wird und andere Frauen bloß in ein gutbürgerliches Lokal.

Es war keine Frau, die durch bloßes Erscheinen eine Menschenmenge zum Verstummen bringt. Sie war allerdings, das berichteten mir die Männer später, in ihrer Art unglaublich weiblich: ein kleines Vögelchen, mit großen Augen, das schutzlos fror. Die Männer erzählten, sie hätten sich sehr stark an ihrer Seite gefühlt, sehr mächtig, sehr erhaben. Wenn es dazu ein frierendes Vögelchen braucht ... sagen wir mal, das geht uns in diesem Moment nichts an. Was wir uns hingegen genauer betrachten sollten, ist, was uns davon abhält, uns ebenfalls zart, weiblich, sexy und begehrenswert zu fühlen.

Sie können sicher sein, dass diese Dame, obwohl relativ mittellos, nicht in einem Supermarkt zu finden war. Ob mit Kavalier oder ohne, dazu war sie sich zu kostbar. Sie war für sich selbst so etwas wie ein edles Rennpferd und in dieser Weise ging sie mit sich um. Sie war stark, geschmeidig, passte sich der Umgebung an und hatte diese Art von anziehendem Stolz, der unwiderstehlich macht. Das ist es, was wir uns von ihr abschauen können: dieser besondere Umgang mit sich selbst. Als wären wir für uns selbst ein Star. Als würde eine Liz Taylor oder Barbara Streisand in uns schlummern, eine Prinzessin, die sich nichts anderes wünscht, als endlich wachgeküsst zu werden.

Keine Sorge, egal wie praktisch veranlagt Sie sich vielleicht auch fühlen, auch Ihnen hat die Natur diese Seite mitgegeben: die Frau mit den glitzernden Augen, die sich und ihren Körper schätzt. Wir müssen die Prinzessin nur wieder fühlen, frisch beleben, denn sie ist ein wenig in Vergessenheit geraten.

Anke, 42 Jahre

»Ich fühlte mich so ein wenig in der Midlife-Crisis. Das war der Grund, warum ich mir zu meinem 40. Geburtstag ein ›Märchen-Seminar‹ geschenkt habe. Ich glaube an die Kraft, die in Märchen steckt. Diese alten Geschichten haben mich schon immer fasziniert, nicht nur als Kind. Deswegen war der Workshop das richtige Geschenk für mich. Am ersten Abend erzählten wir uns gegenseitig das Volksmärchen, das uns als Kind am meisten beeindruckt hatte. Jeder Mensch erzählt in der Wiedergabe ja auch das, was ihn bis heute noch beeindruckt und prägt. Fast alle Frauen erzählten das Märchen von Dornröschen oder Aschenputtel. Auch ich. Die anderen hatten dann die Aufgabe, das Märchen darzustellen, zu spielen und den Erzähler miteinzubeziehen. Die Regie lief auf einer intuitiven Ebene ab. Als ich an die Reihe kam, war ich sehr aufgeregt. Sie schenkten mir die Sequenz, in der Dornröschen heiratet. Ich war die reiche, junge Königin und konnte dem Hofstaat befehlen, mir nur das Beste vom Besten zu geben. Natürlich war das nur ein Spiel, aber Sie glauben ja gar nicht, was das in mir auslöste. Ich, die allein stehende Sekretärin, war auf einmal in einer anderen Rolle. Und es tat mir so gut, ich kann Ihnen gar nicht sagen, wie. Alle waren nur darum bemüht, mich zu beschenken und zufrieden zu stellen und ich ließ mich bedienen. Das mache ich sonst nie! Ich überlegte nicht mal, was ich zurückgeben könnte, sondern nahm einfach nur an. Weil es mir zustand, denn ich war die Königin. Und so fühlte ich mich auch: durch und durch königlich. Ich war etwas Besonderes! Diese Erfahrung hat mein Leben nachdrücklich verändert. Ich glaube, wenn man sich einmal so gefühlt hat, so besonders, sei es in der Realität oder im Spiel, dann bewahrt man sich etwas von diesem Glanz, diesem Charisma. Etwas bleibt. Es ist wie ein Schimmer. Ich erfreue mich noch heute daran, wenn ich ihn an mir entdecke!«

Es hat fast mit Magie zu tun, wenn wir diese Seite in uns entdecken. Etwas in uns räkelt sich und wird wieder wach. Aschenbrödel schleudert die Pantoffeln in die Ecke, die Prinzessin wacht auf und beschwert sich, dass sie auf einer Erbse liegt. Sich selbst kostbar zu werden, heißt, interessiert in die Schaufenster zu blicken und nicht mehr verdruckst davor stehen zu bleiben. Es ist eine neue Haut, in die wir schlüpfen. Keine unbekannte und doch eine neue. Dieses Gefühl hat einen geraden Rücken und einen erhobenen Kopf. Ein Lächeln liegt auf Ihren Lippen. Sie summen ein Lied.

Michaela, 41 Jahre

»Früher habe ich mich schnell irritieren lassen. Ein blöder Blick. Eine Bemerkung von oben herab. Als ich neulich auf einem Amt war und ein Beamter sich so verhielt, da dachte ich nur: ›Wie spricht der Mann mit mir? Ich bin eine Lady!‹ Kaum hatte ich das gedacht, benahm er sich schon anders. Fast so, als hätte er meine Wellen empfangen.«

Richtig! Wir sind, was wir denken. Die anderen behandeln uns so, wie wir uns behandeln. Auch Sie sind eine Lady! Eine Lady isst niemals das übrig gebliebene Müsli ihres Sohnes auf und räumt hinter ihrem Mann nicht her. Eine Lady besteht darauf, dass jeder in der Familie seinen Teil übernimmt, oder sie sucht sich eine Hilfe.

Eine Lady kauft sich eine schöne Zeitschrift und setzt sich damit ins Kaffeehaus, erklärt dem Friseur, was für eine

Frisur sie sich wünscht, und wenn die Füße brennen, läuft sie nicht auf Hühneraugen weiter, sondern ruft sich ein Taxi.

Eine Lady lässt sich da auch gar nichts reinreden, denn sie weiß selbst am besten, was gut für sie ist, und übernimmt die volle Verantwortung für ihr Tun.

Eine Lady ist in sich sicher, heiter und gelassen. Ihr Lebensausdruck ist bestimmt und klar.

Deswegen hat man sie so gern!

Einschränkende Beliefs und negative Erwartungen ändern

Beliefs sind Annahmen, die Welt betreffend, sind Glaubenssätze, nach denen wir unser Leben gestalten. Sie können positiv und unterstützend sein, sie können aber auch negativ sein, uns lähmen und hemmen. Was wir glauben, wie wir in diese Welt blicken, welchen Wert wir uns selbst geben, liegt in unserer Macht. Niemand kann uns dazu zwingen, etwas zu glauben, das wir nicht glauben möchten. Glaubenssätze sind veränderbar und umkehrbar. Je mehr positive Glaubenssätze, Beliefs, unser Leben bestimmen, desto mehr befinden wir uns in Resonanz und Kraft.

 **Übung**

Schreiben Sie fünf begrenzende Beliefs oder negative Glaubenssätze auf ein Blatt Papier. Wählen Sie eine Musik mit Trommeln, die Sie zur Bewegung, zum Tanzen animiert. Legen Sie das Blatt mit den Beliefs vor sich hin.

Spüren Sie die Kraft der Musik und beginnen Sie nun, auf dem Blatt zu tanzen. Geben oder stampfen Sie die begrenzenden Beliefs in den Boden zurück und bitten Sie Mutter Erde, diese negativen Glaubenssätze zu transformieren.

Nun lassen Sie sich neue, positive Beliefs, Glaubenssätze, von der Erde schenken. Schreiben Sie diese auf und tanzen Sie sie.

Stellen Sie sich nun drei Situationen in der Zukunft vor, in denen Sie Ihre neuen Beliefs und Ihre Sehnsucht nach ›Luxus‹ genussvoll leben. Fühlen Sie nach, wie es Ihnen bei dieser Vorstellung geht.

Wenn Sie noch leichte Vorbehalte fühlen, wiederholen Sie die Übung.

Nehmen Sie sich vor, von nun an darauf zu achten, jeden Monat ein Mal bewusst ›Luxus‹ zu leben. Den Luxus der Freiheit, mit sich selbst zu sein. Den Luxus, die Natur in all ihrer Schönheit ganz bewusst zu erleben und Kraft daraus zu ziehen. Den Luxus eines besonderen Einkaufsbummels. Schenken Sie sich eine Schokolade, für die Sie sonst nie so viel Geld ausgeben würden, ein Paar teure Strümpfe, eine besonders schöne Handtasche, einen verführerischen Duft.

Erziehen Sie sich, wo immer Sie auch sind, zur Kostbarkeit.

Tüchtige Mädchen sind wie kaltes Toastbrot: langweilig

Die Genügsamkeit existiert nicht allein. In der Regel wohnt sie mit der Tüchtigkeit unter einem Dach. Da sitzen sie dann beide. In karierten Küchenschürzen. Die eine reibt tüchtig die Kartoffeln und die andere presst die Stärke aus den Scheiben aus. Das ist günstig und für die Wäschepflege vorteilhaft. Wenn man die Tüchtigkeit fragt, ob man ihr helfen soll, dann streicht sie sich mit dem Handrücken eine Strähne aus der Stirn und stöhnt leise: »Ach, lass nur. Ich mach das schon!« Tüchtige Mädchen haben immer etwas zu tun. Ihre Hände ruhen niemals still.

Sind Sie das auch, so ein tüchtiges Mädchen? Haben Sie auch diese: ›Ach, lass nur! Ich mach das schon‹-Mentalität? Oder diese: ›Bevor ich es lange erkläre, kann ich es auch selbst machen‹-Haltung. Oder gar: ›Mein Süßer wird stolz darauf sein, was ich alles schaffen kann‹-Fantasie.

Tüchtige Mädchen klagen selten und wenn doch, dann bei ihrer Freundin. Oft sind das auch tüchtige Mädchen und wissen, wovon die Rede ist. Gemeinsam sitzen sie bei selbst gebackenem Kuchen, trinken wenig Wein, rauchen wenn möglich nicht und sind sich einig, dass diese ganze

Hetze eigentlich zu viel ist. Dass sie die Hilfe einer Tagesmutter, Putzfrau bräuchten. Leider gibt es keine guten.

Tüchtige Mädchen haben einen breiten Rücken und können eine Menge tragen. Sie arbeiten, ziehen die Kinder groß, gehen mit dem Hund raus, bewirtschaften den Garten. Ihre Bücher haben niemals Eselsohren und in ihren Zimmerecken hausen keine Spinnen. Tüchtige Mädchen räumen freiwillig den Keller auf und werden irgendwann verlassen.

Wenn dieser Tag kommt, sind sie erst einmal erschrocken. Bald darauf schon versuchen sie jedoch fair zu sein. Sie formulieren ihre Erwartungen klipp und klar, fast ohne ein Zittern in der Stimme. Sie sind kooperativ der Kinder wegen. Sie sagen, dass es schwer ist. Dass die Trennung, die Enttäuschung schmerzt. Dass man aber gegen eine neue Liebe ja nichts machen könne. Und er habe sich ja nun mal verliebt. Muss sich neu einrichten und nimmt deswegen gleich mal die Wohnzimmerschrankwand mit.

Tüchtige Mädchen sitzen dann auf dem Boden, zwischen all den Tassen, dem Geschirr, den Büchern, die in dieser Schrankwand waren. Sie wissen: Irgendwie werden Sie es schon schaffen. Weil Sie es auch früher immer irgendwie geschafft haben. Weil es ja immer irgendwie weiterging. Er hat es sicher auch nicht leicht.

Viele dieser tüchtigen Frauen haben es nicht nur früher auch irgendwie geschafft, sondern tragen diese Verantwortung klaglos schon ihr ganzes Leben. Sie haben in ihrer eigenen Familie dafür gesorgt, dass ihre Eltern nicht zu oft stritten, versorgten kleinere Geschwister und brachten gute Noten heim, damit Mama sich freut und Papa stolz ist. Sie weinten nicht, obwohl sie Angst hatten, wenn die Eltern abends ausgingen, sondern trösteten den kleinen Bruder.

Was tüchtige Mädchen nie bekommen!

Tüchtige Mädchen sind auch mutige Mädchen, die alles richtig machen wollen. Die sich auf eine Belohnung freuen. Sie wurden und werden aber nicht belohnt. Nicht von ihren Eltern. Nicht von den Lehrern. Nicht von ihrem Mann. Nachdem sie ihre Tüchtigkeit ein paar Mal bewiesen haben, wird sie von ihnen nämlich ganz selbstverständlich erwartet. Man geht davon aus, dass diese Mädchen alles irgendwie schon schaffen.

Tüchtige Mädchen sind für Männer praktisch, aber in gewisser Weise auch langweilig. Und für Frauen auch, zumindest für ›fröhliche Luder‹ und ›kreative Schlampen‹. Braucht man Hilfe oder Rat, ist man bei den tüchtigen Mädchen richtig. Nur jammern gilt nicht, dazu haben diese Frauen, eben weil sie tüchtig sind, keine Zeit.

Männer könnten eigentlich stolz auf sie sein. Sie müssten sie doch eigentlich lieben. Das tun sie auch, aber mit einer Art Liebe, wie man sie eher praktischen Angelegenheiten (Topflappen, Rasenmäher, Computer etc.) entgegenbringt. Wenn diese Männer fremdgehen, dann sehr gerne mit einer ›Zicke‹, mit einer Frau, der dies nicht recht ist und das nicht. Die sich an Wind, Wetter, Wolken stört. Die Allergien bekommt und im Pudding Klumpen findet.

Als Mann hat man da alle Hände voll zu tun! Zur Belohnung darf man sich dann wie ein richtiger Kerl fühlen, und solange es sich bei der Frau nur um die Geliebte handelt, ist das abwechslungsreich und lustig. Eine Zicke zu *ehelichen*, ist hingegen der glatte Wahnsinn. Eine tüchtige Frau zu heiraten, ist ein feines Ruhekissen. Ein schmuckes Weibchen, das putzt, wäscht, arbeitet, auf die Kinder aufpasst und da ist, wenn der Computerservice kommt und die Post zu unmöglichen Zeiten Pakete zustellt.

Ich sage es Ihnen klipp und klar und schonungslos: Tüchtige Frauen sind unerotisch! Sie sind wie Mutter Beimer. Sie machen, schaffen, tun und versuchen dabei, die Figur zu halten. Damit aber eines klar ist: Wir haben uns in diesem Buch nicht getroffen, um dafür zu sorgen, dass Männer Sie erotisch finden. Obwohl das ein ganz hübsches Gefühl ist! Wir haben hier das Ziel vereinbart, dass Sie selbst sich wieder erotisch finden! Können Sie überhaupt noch mit einem Lächeln auf den Lippen sagen: »Es ist wunderbar, eine erotische Frau zu sein!«

Dieser Satz fällt fast jeder Frau schwer. Viele beginnen bereits bei: »Es ist wunderbar, eine Frau zu sein!« zu schlucken. Wir haben es bereits gesagt: Erotik stand nicht auf dem Erziehungsprogramm. Tüchtigkeit immer in Doppelstunden. Das meiste, was wir heute erotisch und sinnlich finden, war für unsere Mütter oder Großmütter noch ziemlich schmutzig. ›Schweinekram‹ eben.

Wir wollen darüber nicht die Nase rümpfen, denn über Jahrzehnte hatte diese Haltung für Frauen durchaus Sinn. Lange war es für Frauen gefährlich, erotische Signale auszusenden, denn die Folge waren Kinder, Kinder, Kinder. Frauen hatten kein eigenes Einkommen und wenig Möglichkeiten, eine Schwangerschaft zu verhüten. So waren sie nicht nur der Biologie, sondern auch den Männern ausgeliefert. Finanziell, was die Unterkunft anging, den Unterhalt, die Absicherung des Alters. Wenn sie tüchtig waren und ihre Sache im Haushalt gut machten, ließ *Mann* sie in Ruhe. In jeder Hinsicht. Der Haushalt war dann das Reich der tüchtigen Frau und für den Spaß suchte der Mann sich eine andere. Für die Frau war letzteres oft kein beklagenswerter Verlust, denn es handelte sich in vielen Fällen nicht um Liebesehen. Besonders in bäuerlichen Gegenden wurden die Ehegemeinschaften über die Köpfe des Paares hinweg beschlossen. Es wurden Höfe zusammengelegt, sozusagen verehelicht, nicht zwei junge Menschen. Heute entscheiden wir uns für eine Ehe mit dem Herzen, aber die Historie wirkt noch nach.

Wie unsere weiblichen Vorfahren werden auch wir auf einmal tüchtig. Meist geschieht das ganz automatisch nach dem ersten Kind. Wir arbeiten weiter, bewältigen den Haushalt, kümmern uns um einen geeigneten Kindergartenplatz und ermahnen unsere Männer, ihre Füße nach dem Duschen nicht mit unserem Handtuch abzutrocknen.

Manuela, 32 Jahre
»Ich bin mit meinem Mann seit zehn Jahren zusammen. Wir haben einen Sohn, ich arbeite, mein Mann schreibt an seiner Doktorarbeit. Unsere Ehe war und ist eine Liebesbeziehung, auch wenn die Liebe seit der Geburt unserer Tochter nicht mehr so richtig gelebt wird. Die unruhigen Nächte, das Stillen, dann morgens den Sohn in die Krippe bringen. Alles mit öffentlichen Verkehrsmitteln. Zittern, wenn ich länger als geplant arbeiten muss. Daran denken, für das Abendessen einzukaufen oder meinen Mann daran zu erinnern, dass er einkauft. Ihn darum bitten, dann auch noch – auf diesem Weg – daran zu denken, einige Sachen aus der Reinigung abzuholen. Das sind so viele Kleinigkeiten, die ich in meinem Kopf habe. Es ist ein vernetztes Denken. Er hingegen denkt eher nur eindimensional. Bis ich ihm alles erklärt habe, mache ich es manchmal lieber selbst. Am Abend bin ich dann oft wie erschlagen, hoffe nur, dass niemand anruft, mich niemand anrührt, ich früh einschlafen kann, damit ich am nächsten Morgen nicht total gerädert bin. Eigentlich fühle ich mich total überfordert. Mein Mann ist mit seiner Doktorarbeit zu 100 Prozent ausgefüllt und beschäftigt. Für jeden Handstreich, der darüber hinausgeht, will er – glaube ich – von mir gelobt werden.«

Müßiggang ist aller Lüste Anfang

Dies ist keine Partnerschaft, sondern eine weitere Mutter-Sohn-Beziehung. Es ist genau das, was passiert, wenn Sie zur Managerin in Ihrem Haushalt werden. Sie stehen mit Ihrem Mann nicht mehr auf einer Stufe, sondern geben ihm Anweisungen. Wer Anweisungen gibt, steht über einer Sache oder Person und wird auf gewisse Weise geschlechtsneutral. Anweisungen sind für die Erotik pures Gift. Je mehr Anweisungen verbalisiert werden, desto größer wird die Kluft zwischen beiden Partnern. Die Liebe kocht auf Sparflamme – es wird der Alltag organisiert. Da Frauen stark und geübt darin sind, versuchen sie diese Anforderungen zu bewältigen. Sie werden zu Führungskräften und vergessen sich darüber als Person.

Diese Art von Leben gleicht einem Rennen im Hamsterrad. Unaufhörlich treiben sich die tüchtigen Mädchen an. Jede freie Minute kann genutzt werden nach dem Motto: Müßiggang ist aller Laster Anfang. Wenn aber Müßiggang aller Laster Anfang ist, sollten Sie schleunigst damit beginnen, denn lasterhafte Frauen sind durchaus begehrt. Auch wenn Ihre Tüchtigkeit für viele Menschen sehr bequem ist. Für Sie nicht! Es bedeutet nämlich nichts anderes als Arbeit! Ihre Seele, Ihre Wünsche, Sehnsüchte und Hoffnungen bleiben unbemerkt auf der Strecke. Wer so lebt, wird mit der Zeit stumpf wie eine silberne Teekanne, die mit dem falschen Reinigungsmittel behandelt wurde.

Tüchtige Frauen sind vergleichbar mit wunderbaren Haushaltsmaschinen. Sie kochen, waschen, putzen, schälen. Tüchtige Frauen bekommen nur Schmuck, den sie beim Geschirrspülen anbehalten können. Wenn sich die Zeit der Weihnachtsbazare nähert, geht die Gemeinde davon aus, dass die tüchtige Frau ohne Widerrede mindestens eine Torte mehr bäckt. Wie schön, wenn sich da endlich mal einer täuschte ...

Doris, 35 Jahre

»Ich habe mit meinem Mann im Dorf meiner Eltern ein Haus gebaut. Wir sind beide im Gesangverein. Beim letzten großen Fest kam der 1. Vorsitzende auf mich zu und meinte: ›Gell, Doris, du bringst doch auch zwei Kuchen mit?‹ *Zwei!* Ich verneinte und meinte, dieses Mal würde ich lieber die Abrechnung machen. Das ist Männeraufgabe im Verein! Ich habe die Rollen einfach mal getauscht, aber die Blicke hätten Sie mal sehen sollen. Klar, zwingen konnte er mich nicht, aber aufgrund meiner Bockigkeit musste dann eine andere Frau mehr backen, und das tat mir dann auch wieder Leid. Aus solidarischen Gründen. Wenn wir Frauen aber nicht endlich anfangen, uns gegen dieses Klischee zu wehren, wird sich nie etwas verändern. Wie kommt der Mann überhaupt dazu, diese Backerei von mir zu fordern? Bloß, weil ich eine Frau bin? Weil es immer so war?«

Es wird also für uns Zeit, bewusst den Weg unserer Ahninnen zu verlassen und unseren eigenen zu suchen. Das Leben ist zu kurz, um es so tüchtig und langweilig zu gestalten. Verneigen Sie sich respektvoll vor all diesen Frauen, die vor Ihnen lebten, und verabschieden Sie sich freundlich, aber bestimmt von dieser Art von Lebensgestaltung.

Solange Sie darauf bestehen, alles zu regeln, zu managen und nur im äußersten Notfall zu protestieren, wird aus der Erotik und Sinnlichkeit nämlich leider nichts. Kann sein, dass sich irgendein Würstchen an Sie hängt, ein weiteres Männer-Kind, einer, der versorgt werden möchte, aber ob Sie mit solch einem Mann glücklich werden, wage ich zu bezweifeln. Tief in Ihrem Innern ahnen auch tüchtige Frauen, dass das Leben sehr bunt ist und nach Rosenblüten duftet.

Eva, 37 Jahre

»Ich habe zwei Kinder, die ich alleine großziehe. Da ich mich selbst ernähren muss, bin ich den ganzen Tag fast nur unterwegs. Kinder in die Schule bringen, zu meinem Halbtagsjob fahren, Kinder wieder abholen, Schularbeiten, Reitstunden für den einen, Klavierunterricht für den anderen, abends aufräumen, die Kinder ins Bett bringen, und ich falle auf die Couch und schlafe beim Zeitunglesen ein. Meine Weichheit, wenn es sie überhaupt einmal gab, verschwindet immer mehr. Ich habe Falten auf die Stirn bekommen. Weil ich so viel denken, kalkulieren, rechnen muss. Kann ich mir ein Parfum schenken oder brauchen die Kinder etwas? Ich bin so praktisch wie ein aufgeräumter Handwerkskasten. Ich weiß nicht, wann ich das letzte Mal Sex hatte und ob es mir gefiel. Es ist zum Heulen, denn es fühlt sich wie verbrauchtes Leben an, dabei bin ich doch mitten drin. Wenn ich ins Kino gehe und Liebesfilme sehe, dann könnte ich aufschreien. Aus Wut, weil ich denke, dass es das gar nicht gibt und auch aus Frust, weil ich so eine Sehnsucht danach habe. Wenn ich einen Wunsch äußern dürfte, dann den, dass ich einen Mann kennen lerne, der mir die Fingerspitzen küsst. Der mich einfach so mal anruft, mir liebe Kärtchen schreibt, mit mir in schöne Restaurants geht und mich verliebt betrachtet.«

Am liebsten wäre ich aufgesprungen, um Eva – nein, nicht die Fingerspitzen zu küssen – aber vielleicht, um sie zum Essen einzuladen oder ihr Blumen zu schenken oder sie auf irgendeine Weise zu verwöhnen. Leider wäre dies vergeblich. Eva wünscht sich zwar einen romantischen Mann, lässt selbst aber keine Romantik zu. Praktische Frauen schnurren nicht und bitten nicht. Man muss von alleine wissen, was sie wollen, und mit der Gefahr leben, ihrem Anspruch nicht zu genügen. Tüchtige Mädchen bestrafen dann mit Härte. Sie werden kühl und spröde, spülen schweigend das Geschirr. In ihrem Herzen fühlen sie sich traurig und verlassen. Äußerlich spürt man von der Trauer nichts. Das ist für alle Beteiligten mühsam. Die Gefühle liegen auf Eis, und zwar alle und für alle.

Evas Mann hatte mit ihr eine Frau, die alles verlässlich regelte. Die Wochenendausflüge, die Familiengespräche, die Abende mit den Freunden. Es gab kein: »Komm, wir sagen ab, ich will mit dir ins Bett.« Keine Verführung. Kein Betören. All das, was Männer eben auch gelegentlich mal brauchen, um sich als Männer zu fühlen. Was sie sich wünschen. Es ist nicht so, dass Eva das nicht wollte oder konnte. Sie kam gar nicht darauf! Solcherlei Reaktionen gehören nicht zum gelernten Handlungsrepertoire eines tüchtigen Mädchens, denn die halten Verabredungen immer ein.

Aber hören wir weiter zu ...

Eva, 37 Jahre

»Mein Mann hat mir zuletzt immer häufiger vorgeworfen, dass ich nicht weich bin. Ich sei ihm nicht anschmiegsam genug. Erst wollte ich zurückschreien, wie denn, bei all der Belastung ... doch dann fiel mir auf, dass ich in meinem ganzen Leben nie richtig weich gewesen war. Ich war kein Schmusekind, hatte keine Puppen. Meine Mutter war vom Typ her auch eher robust. Das, was jetzt so weh tut, ist die Tatsache, dass ich mich innerlich dennoch immer so sehr danach gesehnt habe. Ich wollte auch so zart sein, weich, aber ich wusste gar nicht, wie es geht. Auf gewisse Weise war ich hölzern. Wenn ich mich bei jemandem bedankte, dann sagte ich einfach: ›Danke.‹ Punkt. Ich bin nie jemandem vor Freude um den Hals gefallen. Habe meine Freundinnen nie aus Begeisterung geküsst. Ich habe nie vor Ausgelassenheit mit meinen Kindern getobt, bin nie mit ihnen Hand in Hand durchs Haus getanzt. Nicht, weil ich es nicht schön finde, aber es passte nicht zu mir. Genauso wenig wie Locken. Ich möchte diese Sorgenfalten auf der Stirn verlieren und wenigstens manchmal wie diese Frauen in den Filmen sein, *bezaubernd*. Leider kann man das nicht lernen.«

Ich bin schließlich eine zarte Frau ...

Natürlich kann man das lernen. Wenn Eva gelernt hat, ihre Weichheit zu unterdrücken, dann kann sie sie auch wieder befreien. Die Weichheit ist nämlich noch immer da, keiner hat sie Eva weggenommen. Sie ist nur verborgen.

Weichheit bedeutet Leidenschaft, heißt:»Ich wünsche mir endlich mal von dir Blumen!« und nicht:»Nein, nein. Es ist nichts. Was soll denn sein?« Seine Bedürfnisse, Wünsche und Sehnsüchte zu artikulieren, ist lustvoller, als den Weg der inneren Bilanzbuchhalterin zu gehen. Schließlich bekommen Sie auf Ihre Wünsche Antworten ...

Sich diesem – Risiko – zu öffnen, macht wach und lebendig. Es ist ein neues Programm, mit neuen Inhalten, neuen Statements, neuen Entschlüssen. Neue Programme muss man üben, und am Anfang kommt man sich unbeholfen und blöde dabei vor. Ähnlich wie beim Einstudieren eines Tanzes. Man kann sich nicht vorstellen, irgendwann einmal, ohne die Schritte zu zählen, übers Parkett zu schweben. Wie könnten Ihre ›Schritte‹ aussehen? Was würden Sie sagen, wenn unter all der Tüchtigkeit eine ganz weiche Frau hervorkäme? Eine, mit der man vorsichtig umgeht und der man nicht einfach alles zumutet. Sie dürfen ruhig mal ein bisschen unverschämt werden.

Wie wäre es mit:
• Tut mir Leid, ich bin dafür zu schwach!

- Ich möchte das so, denn es tut mir gut!
- Ich möchte das kaufen, weil es mir gefällt.
- Ich übernehme diese Aufgabe nicht, weil sie mir keinen Spaß macht.
- Tut mir Leid, aber ich sehe mich nicht in der Lage, das zu tun.
- Hör auf damit, ich mag das nicht!
- Nein, ich bin zu zart dafür ...
- Bitte nimm mir das ab.
- Ich würde es ja gerne machen, aber ich bin eine Frau, und eine Frau übernimmt solche Aufgaben nicht.

Na, müssen Sie lachen? Oder werden Sie ärgerlich? So dumme, frauenfeindliche Sprüche, haben die Ihnen gerade noch gefehlt? Kann es sein, dass Sie befürchten, etwas von Ihrer Kompetenz zu verlieren, von Ihrer Macht? Haben Sie sich Weiblichkeit so nicht vorgestellt? Möchten Sie nicht auf diese Weise weich werden?

Dann betrachten Sie es doch einfach mal als Spiel. Geht es dann leichter? Probieren Sie es aus.

Eva, 37 Jahre

»Irgendwann wurde ich auf eine Party eingeladen, es war das erste Mal seit langer Zeit. Ich brachte nichts mit. Keinen Nudelsalat, kein Brot, keine Flasche Wein und fühlte mich allein aufgrund dessen fast rebellisch. Als ich dann mit meinen Freundinnen rumalberte, gesellte sich ein Mann dazu. Er stellte fest, dass wir nichts zu trinken hatten. Aus der Juxlaune heraus sagte ich: ›Das stimmt, ich würde mir ja gerne selbst ein Glas Sekt holen, aber das schickt sich leider nicht, denn ich bin eine Dame.‹ Meine Freundinnen sahen mich an, als sei ich vom wilden Affen gebissen worden. Ich biss mir auf die Zunge. ›Wie blöd‹, dachte ich, dabei hatte ich doch nur alte Filme imitieren wollen. Aber wissen Sie was, der Mann ging und kam mit zwei Glas Sekt wieder. Für sich und für mich. Wir stießen miteinander an und es war so etwas wie ein Zauber zu spüren. Ich fühlte mich in diesem Moment absolut als Frau und das war einfach wunderschön.«

Ach wie hübsch! Fast, als würde man tatsächlich im Kino sitzen und Eva dabei zusehen, wie sie sich vom Putzteufel in eine Femme fatale verwandelt. Und weil Eva an sich so bodenständig ist, muss sie auch keine Angst haben, dass sie jetzt abhebt. Sie hat nur der ›Frau‹ in sich ein wenig Zucker gegeben. Und die hat sich glucksend und freudig lachend dafür bedankt. Na, und dem Mann tat es vermutlich auch ganz gut, mal Kavalier zu sein.

Also, seien Sie großmütig – mit sich und den Männern um sich herum. Hören Sie auf, so viel zu organisieren, und packen Sie sich das Leben. Werfen Sie Ihren inneren Time-Planer in den Müll und legen Sie sich auf die Sonnenbank. Neue Zeiten haben begonnen!

Unsere Gedanken gestalten unsere Realität

Es tut gut, eine Quelle in sich selbst zu finden. Eine Stimmung, die uns nährt und glücklich macht. Oft ist der Zugang zu dieser Kraft verschüttet. Um diesen besonderen Kanal wieder zu öffnen, müssen wir herausfinden, auf welche Weise wir uns selbst sabotieren. Mit welchen Gedanken wir uns niedermachen. Was uns daran hindert, für uns selbst zu sorgen. Welcher Gewinn für uns darin liegt, ständig für andere da zu sein. Welche Stimmen in uns verhindern, dass wir Zeit und Ruhe mit uns selbst genießen. Warum es uns manchmal so schwer fällt, unsere eigenen Bedürfnisse zu erkennen, zu ihnen zu stehen und sie anderen mitzuteilen?

Werden Sie still, schließen Sie die Augen und beobachten Sie Ihren Gedankenfluss. Fragen Sie immer wieder nach: »Wohin führt mich dieser Gedanke, diese Erwartung? Was ist das Resultat meiner Gedanken und will ich dieses Ergebnis auch wirklich haben?«

Man erkennt sehr schnell, welche Qualität in einem Gedanken liegt. Es gibt Gedanken, die uns helfen, glücklich und zufrieden zu sein, und es gibt Gedanken, die uns in unserer Entfaltung bremsen. Verfolgen Sie Ihre inneren Kommentare genau. Ist die Qualität eines Gedankens nicht gut, dann sagen Sie bestimmend »Stopp!«. Unsere Gedanken sind wie ungezogene Kinder. Sie plappern den ganzen Tag. Wir brauchen bessere, angenehmere Gedanken, um mehr Freude und Licht im Leben zu haben. Erziehen Sie sich dazu, Gedanken zu haben, die Sie unterstützen.

Erinnern Sie sich immer wieder daran, Ihre Seele, Ihr inneres Kind, zu fragen, was es braucht, damit Sie sich schön und strahlend fühlen. Sorgen Sie für sich und haben Sie mit sich Geduld. Fragen Sie sich jeden Morgen nach dem Aufwachen: »Auf was freust du dich heute am meisten?«

Glaub ich nicht –
Komplimente

»Ich denke sowieso nur mit dem Knie«, lautet ein Ausspruch von Joseph Beuys. Was er damit sagen wollte, ist letztlich egal, aber mir drängt sich der Verdacht auf, dass wir, wenn wir zu sehr mit dem Knie denken, Herz und Seele nicht erreichen. Sind aber Herz und Seele ausgeschlossen, ist Denken eher ein Kalkül. Es ist nicht ganzheitlich. Wir leben dann zwar einen Beschluss, aber unsere Augen strahlen ihn nicht aus.

Ähnlich ist es, wenn wir beschließen, ›weiblich‹ oder ›sinnlich‹ zu sein. Der Kopf kann ein Programm aufstellen, das wir erfolgreich absolvieren (Diät, regelmäßig zur Kosmetik, neue Frisur, neue Kleidung), aber das Herz, der Lebensausdruck, zieht nicht nach. Rein äußerliche Schönheit ist weder weiblich noch attraktiv. Wenn wir uns nicht schön fühlen, nicht selbst von unserer Einzigartigkeit und Besonderheit überzeugt sind, dann strahlen wir weder Schönheit aus, noch glauben wir daran. Unser Aussehen ist dann nichts weiter als etwas, das wir ständig kritisch beäugen, in Stand halten, pflegen müssen, weil es sich sonst verschlechtert.

Komplimente sind dann zwar sehr schön, haben jedoch nur eine kurze Haltbarkeit und müssen immer und immer wieder erneuert und überprüft werden. Wir kommen auf Ursachen und finden Argumente, warum das Kompliment nicht stimmt oder so nicht stimmt oder nur heute stimmt (gerade Haare gewaschen) und morgen schon nicht mehr (wieder fettig). Jede von uns hat schon einmal einem Kompliment misstraut. Wir glauben nicht, weil wir es selbst nicht fühlen. Wir glauben hingegen, wenn es sich um eine Grenzverletzung, eine Unverschämtheit handelt. Dann hat man uns entdeckt. Die Wahrheit wurde aufgedeckt. Wir sind nicht wirklich schön. Nun ist es heraus!

So erinnere ich mich, wie ich vor Jahren als Journalistin bei einer Autorenlesung war. Ich kannte den Autor bereits. Während des Abendessens fühlte sich dieser Mann durch irgendetwas von mir verärgert. Vielleicht war ich von seinem neuesten Werk einfach nicht genug beeindruckt. Und so sagte er zu mir: »Ach du! Du bist doch gar keine richtige Frau!« Da hatte ich den Salat.

Lassen wir mal seine persönliche Geschichte außer Acht und schlucken wir die Wut hinunter (»Du miese kleine Ratte, du Nichtsnutz und Versager. Du Zwerg in geistiger und körperlicher Größe. Du und dein lächerliches Buch, das nicht einmal die Mindest-Mindestverkaufszahlen erreichen wird ...«). Es ging mir während des ganzen Abends bereits nicht gut. Ich steckte in einer verzwickten Liebeskiste, war eifersüchtig auf eine andere Frau und habe, was das Aussehen angeht, ja nun leider keine wirklich unterstützende Geschichte. Kurzum, ich saß innerlich nicht fest im Sattel. Dennoch bewahrte ich die Fassung, sagte wohl noch irgendwas, aber dieser Mensch war mit seinen Gedanken so oder so schon längst woanders.

Ich merkte auf und spürte in mich hinein. Tröstete das verletzte Kind, das so zurückgestoßen worden war. Ich war noch immer auf dem Weg zu einem tieferen Glauben an mich selbst. Noch immer nicht angekommen. Aber ich war bereits weiter als vor einigen Jahren, denn ich habe diesem Mann nicht geglaubt. Ich machte es für mich zu keiner Wahrheit und entzog diesem Menschen damit die Macht über mich. Diese Achtsamkeit verhinderte, dass das unbewusste, selbstzerstörerische Programm ablief, das meine Entwicklung so lange Zeit behindert hatte – das sich an ›Komplimenten‹ und Kommentierungen entlanghangelte. Ich nahm mir an diesem Abend vor, die nächsten Tage besonders fürsorglich mit mir umzugehen. Mir Blumen zu schenken, schöne Musik zu hören und mich weiter darin zu üben, mich fraulich und schön zu fühlen.

Ingrid, 38 Jahre

»Ich bin keine Flirtkanone, aber ich würde mal sagen, ich bin lustig und kokett. Ein Flirt, so mal am Rande, macht Spaß, gibt Energie, und man hat etwas, das einem den Tag versüßt. Mehr nicht. Irgendwann las ich etwas zu dem Thema Komplimente und dachte nur: Probleme gibt es! Ich habe die nicht. Dann dachte ich einen Moment länger darüber nach. Wie ein Film zogen all die Situationen an mir vorbei, in denen Männer charmant zu mir gewesen waren, mit mir lachten. Allerdings waren das immer sehr flüchtige Augenblicke gewesen, wie ich feststellen musste. Wenn ein Mann mir gefiel und ich ihm gefallen wollte, dann bekam die Sache mit den Komplimenten auf einmal eine andere Qualität. Es stiegen so Gefühle wie Argwohn in mir auf. Ich konnte die Komplimente nicht genießen, wurde misstrauisch. Es war wie eine Suche nach dem Verborgenen dahinter. Meine Neugierde in diesem Punkt erwachte, denn es war mir klar, dass ich mit so einem Gefühl im Bauch weder einen Flirt noch eine Liebe wirklich tief genießen konnte. Ich sprach mit anderen Frauen, las bestimmte Bücher und der Nebel begann sich zu lichten. Es brauchte allerdings ein wenig Zeit, bis ich den Ursprung des Gefühls tatsächlich fand.«

Gut Ding braucht Weile. Besonders wenn es sich um den seelischen Kraftakt handelt, verschüttete Emotionen auszugraben. Viele Gefühle liegen unter der Oberfläche, ›vegetieren‹ unbemerkt vor sich hin. Doch es gibt eine kleine Faustregel. Je spontaner Sie sagen: »Das kenne ich nicht. Damit habe ich nichts zu tun!«, desto aufmerksamer sollten Sie werden. Die Seele ist wie eine harmoniesüchtige Freundin, sie will uns schützen, will Frieden in der Hütte. Was da im Keller vor sich hin modert, entsorgt sich nur leider nicht von alleine. Irgendwann öffnen sich diese Kisten und die Bilder steigen auf in Form von Träumen, Gefühlen und Depressionen. Wir wissen dann nicht, warum uns eine bestimmte Sache auf einmal so kränkt, warum uns ein paar Worte so aus den Schuhen heben, warum wir nicht annehmen können, uns nicht freuen, uns dröge und fahl fühlen. Was in diesem Keller gestapelt liegt, bestimmt uns und geht niemals verloren.

Ich will Ihnen Mut machen, nachzuschauen, Ihren Keller aufzuräumen, um sich zu befreien. Werden Sie wachsam, wenn Sie unsicher sind, sich verletzt fühlen. Spüren Sie nach und bitten Sie Ihr Unterbewusstsein, es möge Sie mittels passender Bilder und Erinnerungen in diesem Bemühen unterstützen.

Vieles, was in der Vergangenheit passiert ist, können wir weder lösen noch verändern. Es ist ein für alle Mal vorbei. Schieben Sie es dennoch nicht zur Seite, sondern machen Sie sich klar, wo eine Kränkung stattgefunden hat oder in welcher Hinsicht Sie sich unfrei und behindert fühlen.

Ingrid, 38 Jahre

»Die Geschichte, an die ich mich auf einmal erinnerte, war nicht schön. Sie trieb mir sofort die Tränen in die Augen. Sie war wie ein böses Tier, das ich aus seinem Käfig gelassen hatte. Aber es war auch gut. Ich fühlte mich erwachsen und war bereit, die Erinnerung zu betrachten.

Folgende Bilder stiegen in mir auf: Ich bin zwölf Jahre alt und wir sind zu Besuch bei den Freunden meiner Eltern. Ich bin etwas pummelig, Corinna, die Tochter dieser Freunde, ist schlank wie eine Gazelle. Wir sind gleich alt und ich verbringe die Ferien in diesem Haus. Natürlich hat Corinna schon einen Freund. Es kommen Jungen ins Haus, streichen um den Garten. Einer von ihnen gefällt mir gut. Er ist groß, dunkelhaarig, schlau. Er hat in der Gruppe was zu sagen. Als Corinna mal wieder mit den Jungen um die Ecken zieht, stehe ich auf dem Balkon. Sie sind fröhlich miteinander und als sie mich entdecken, winken sie mir übermütig zu. Ich erstarre zur Salzsäule, fühle mich irgendwie entdeckt und kann dieses Winken nicht einordnen. Mein Gefühl sagt mir, dass da etwas nicht stimmt. Ich kann dieses Kompliment nicht glauben. Als Corinna heimkommt, frage ich vorsichtig nach. Doch, doch, sie hätten mir freundlich zugewunken und Alex, der Junge, habe auch gemeint, dass ich nicht so schlimm aussähe, wie alle immer meinen würden. Er habe gesagt: ›Zum Vollpumpen und in die Ecke stellen reicht sie doch allemal.‹«

Ingrid wurde mit einem Mal bewusst, wieso sie sich immer so zugeknöpft verhält, wenn Männer deutliches Interesse zeigen. Alex' alte, dumme Worte sind bis heute konserviert. Sie haben nichts an Macht verloren. Sie kränken, sie machen schwach. Aber eines sind sie nicht: wahr! Es waren die Sätze eines pubertierenden Jungen über ein pubertierendes Mädchen, das von Seelenarbeit nichts wusste.

Sag mir, wie du wirklich bist

Die erwachsene Ingrid braucht sich von diesen Kindern nicht länger bestimmen lassen, sondern kann ihren Wert, ihre Bedeutung selbst finden. Sie druckst erst ein bisschen herum, möchte ihre Macken aufzählen, sagen, woran es fehlt und mangelt. Was sie noch lernen, was verändern müsste. Ich hingegen möchte ihren Ort der Kraft finden und ermuntere sie, so freundlich von sich zu sprechen, als sei sie ihre beste Freundin.

Ingrid, 38 Jahre

»Ich bin eine Frau mittleren Alters. Meine Figur ist durchschnittlich, ich würde mich als weich bezeichnen. Ich habe zwei Grübchen in den Wangen, die sich sehr nett zeigen, wenn ich lache. Ich habe einen schönen Mund. Mein Haar könnte etwas geschmeidiger sein, dafür ist es weder dünn noch strohig. Ich fühle mich eigentlich sehr weiblich. Ja, je mehr ich überlege und in mich hineinblicke und dir davon berichte, desto weicher und weiblicher fühle ich mich. Fast ein wenig sinnlich. Das ist sehr schön. Schöne, strahlende Augen habe ich auch noch, das hätte ich ja fast vergessen ...« (sie lacht).

Das ist eine ganze Menge, finden Sie nicht auch? Ingrid hat allen Grund, sich über sich selbst zu freuen. Ich sage ihr das und wir verstärken das Gefühl noch ein wenig, malen uns die Bilder aus, die sie mit diesem positiven Gefühl von sich verbindet. Wie genau fühlt es sich an, wenn sie stolz auf sich ist? Welche Farbe hat ihre Sinnlichkeit? Wenn sie ein Mann wäre, was würde sie ganz besonders an sich mögen? Was liebt sie an sich selbst? Was findet sie an sich schön? Worin ist sie ganz Frau? Welche Komplimente möchte sie sich machen? Mit welchen Worten die Schönheit ihrer Seele und die ihres Körpers ausdrücken? Welche

Blumen passen in diesen Komplimentenstrauß? Es werden nur die schönsten und wohlduftendsten genommen!

Ingrids Augen beginnen zu strahlen. Sie badet sich in diesen schönen Empfindungen. Und es gibt sogar ein Parfum, das das Gefühl der Sinnlichkeit für Ingrid symbolisiert. Sie springt auf und holt den Flakon aus dem Bad. »Das ist das Gefühl! Wenn ich diesen Duft rieche, dann bin ich ganz Frau! Dann fühle ich mich von innen heraus schön.« Sie atmet glücklich auf.

Es gibt viele Momente in unserem Alltag, in denen wir diesen warmen Zugang zu uns selbst verlieren. Dann versteinern wir ein wenig, werden leblos. Wir bemerken diese Kühle, möchten sie verändern und wissen einen Augenblick lang nicht mehr, wie das geht. Nicht einmal mehr an das schöne Gefühl können wir uns erinnern.

Ingrid beschließt, sich fortan mithilfe dieses Duftes an das sinnliche Gefühl zu erinnern, den Zugang auf diese Weise immer wieder von neuem zu finden. Im NLP nennt man diese Form von Hilfe ›Anker‹. Es gibt sehr viele Anker, die unser Leben mitgestalten. Sie hören ein bestimmtes Lied und fühlen sich nicht nur erinnert, sondern leben ganz und gar in der vergangenen Situation. Nun, da Sie dies wissen, können auch Sie sich ganz bewusst Ihre positiven Anker, Ihre Erinnerungsmerkmale setzen.

Bei Ingrid war es dieser bestimmte Duft. Mit diesem Parfum ehrte sie sich selbst als Frau, machte sich ein Kompliment und glaubte auch daran. Bei Ihnen kann es etwas völlig anderes sein. Ein Schal, ein Kleid, ein bestimmter Lippenstift, eine bestimmte Musik, ein Cocktail, Unterwäsche, das Haar kunstvoll gesteckt, lackierte Fingernägel, blaue Wimperntusche, ein Gedicht, ein Bild, ein Gewürz ... experimentieren Sie ein wenig, finden Sie Ihre Anker heraus!

Eine Frau, die sich selbst als Frau genießt, wird jedes Kompliment als eine schöne Bereicherung erfahren. Es verbalisiert dann das, was sie so oder so schon weiß.

Das Resonanzgefühl entdecken

Wir tragen alles in uns, was wir brauchen. Mutter Erde, das Universum, die alte Seele liebt uns, wie wir sind. In diesem Zustand der Sicherheit ist keine Bestätigung von außen nötig. Wir sind dann wie Blumen, die aus sich heraus duften und blühen – wir sind mit uns selbst in Resonanz. Die Probleme des Alltags, die Unsicherheiten und Verletzungen der Seele verschütten häufig diesen Zugang zu uns selbst. In Kontakt mit sich zu sein, ist die energetische Quelle für Kreativität, Intuition, Regeneration, Schutz und Heilung. In Resonanz zu sein heißt, sich heil und geborgen zu fühlen, wo immer man gerade ist. Ob an einem traumhaften Strand oder bei der Verrichtung alltäglicher Dinge. Oft ist uns dieser positive Zustand verloren gegangen. Wir können dieses Gefühl aber wieder neu entdecken, es finden und wann immer wir es benötigen, uns in die Erinnerung zurückrufen.

 **Übung**

Legen Sie sich hin, machen Sie es sich bequem und atmen Sie ein paar Mal tief durch. Sie sind ganz ruhig und haben Zeit für eine schöne Erfahrung. Stellen Sie sich nun vor: Es ist ganz früh an einem wunderbaren Sommertag. Sie stehen auf dem Gipfel eines Berges. Ihr Blick reicht weit über eine beeindruckende Berglandschaft. Reste von Nebelschwaden steigen aus den Tälern. Die Sonnenstrahlen wärmen Ihre Haut. Sie können den Duft der Bergblumen riechen, der Tau auf den Gräsern glitzert verheißungsvoll in der Sonne. Vögel ziehen über Ihnen Ihre Kreise, sie hören das Gezwitscher, die Rufe. Ihre Seele und Ihr Körper sind von einem ganz besonderen Gefühl erfüllt. Barfüßig wandern Sie durch das taunasse Gras, Ihr Blick schweift über die Landschaft hinweg. Nach einiger Zeit kommen Sie an einem hohen Wasserfall vorbei. Feiner Wasserstaub schwebt in der Luft, ein herrlicher Doppelregenbogen überspannt den Himmel. Das Rauschen erfüllt die Stille des Platzes. Wilde Kräuter und Moos wachsen am Rand des Wasserfalls. Die Natur ist um Sie herum und Sie nehmen diese Kraft dankbar in sich auf. Mutter Erde trägt Sie. In diesem Augenblick, in dieser Emotion, wissen Sie auf einmal ganz genau, dass Sie gut sind, so wie Sie sind. Sie spüren Ihre eigene Kraft und die Liebe, die Sie durchflutet. Können Sie das fühlen? Spüren Sie das Vertrauen und die Energie?

Fragen Sie sich aus diesem Gefühl heraus:
- Was macht mich wirklich lebendig, heiter und froh?
- Was gibt mir Gelassenheit und Vertrauen?
- Wann bin ich ganz bei mir?
- In welchen Momenten spüre ich die große Seele, bin ich in Resonanz?

Lassen Sie sich von Ihrem Unterbewusstsein ein Symbol schenken, das Sie immer daran erinnert, dass Sie heil sind und dass es keiner Komplimente und Bestätigungen von außen bedarf, damit Sie sich gut fühlen, denn Sie sind angenommen! Mit diesem Gefühl kommen Sie in das Tagesbewusstsein zurück.

Freuen Sie sich darüber, sich auf immer wieder neue Weise zu erfahren und neue Möglichkeiten zu erproben. Wir können viel mehr, als wir tatsächlich tun! Bleiben Sie neugierig auf Ihr Leben und auf sich selbst.

Die Geburt der Venus –
Sinnliches Selbstcoaching

»*Wann ist die Suche beendet? Wenn die Freude anfängt!*« Ich weiß nicht mehr, woher ich diesen Satz habe. Hat ihn mir eine Freundin gesagt? Habe ich ihn in einem Buch gelesen? In einer Werbeanzeige ... ich kann mich nicht mehr erinnern. Offenbar ist er für mich wichtig, denn ich habe ihn mir notiert.

Wenn wir das gefunden haben, was uns gut tut, sei es eine Melodie, ein Gedicht, ein neues Kleid, ein Parfum, aber auch ein neuer Zugang zu unserer Seele, kommt Freude auf. Wir fühlen uns ein Stückchen weiter, vielleicht sogar für eine Weile angekommen, von alter Last befreit. Wir atmen auf, wir strahlen, sind voller Energie und wissen, wie es weitergeht. Wenn wir eine positive Vision, eine Idee haben, auf welche Weise unser Leben weitergehen könnte, lächeln wir glückselig. Wir lächeln, weil wir *sind* und weil wir uns darüber freuen.

Wie schade, dass uns gerade dieses Lächeln so oft im Bett abgeht, ob mit einem Mann oder allein. Sex ist für viele Stress geworden. Job, Kinder und andere Verpflichtungen machen aus der Schmusestunde nur eine weitere Angelegenheit, in der man nicht richtig funktioniert. Wir wollen zärtlich sein, aber wir müssen auch noch auf die

Post. Oder wollten die freien Stunden eigentlich für einen Ausflug nutzen. Es ist uns zu viel. Alles.

Julia, 39 Jahre

»Und dann kommt noch für mich hinzu, dass ich mich nicht so wohl in meinem Körper fühle, wie ich das gerne hätte. Neulich fiel mir meine Orangenhaut auf und da war alles vorbei. Ich bin nun mal keine 25 Jahre mehr. Und dann noch diese ganzen Sexkanäle im Fernsehen. Ein Überangebot von Frauen ohne Problemzonen und Problemmomente. Liebe mich, wann immer du magst ... ich bin intelligent genug, um diese bescheuerten Klischees zu durchschauen ..., aber auch doof genug, mich dadurch trotzdem minderwertig und frigide zu fühlen.«

Inzwischen wissen wir, dass Komplimente, die wir nicht fühlen, nur kleine, bunte Seelenpflaster sind. Das Gefühl für Ihre eigene Sinnlichkeit ist keine Hausaufgabe Ihres Partners, Ihrer Freundin oder Ihrer Beziehung. Weiblichkeit kommt von innen, nicht von außen.

Schön wie eine Liebesgöttin

Wir alle kennen das berühmte Bild von ihr und wir alle möchten so schön sein wie sie: die Venus von Sandro Botticelli. Blondes, langes Haar, ein zierliches Näschen, ein wohlgeformter Mund und kleine süße Knospenbrüstchen. Tja, das wär schon was, und vor allen Dingen ... gleich von Geburt an! So lautet nämlich der Titel des berühmten Gemäldes *Die Geburt der Venus*. Doch wer oder was ist die Venus eigentlich? Venus, auch ›Aphrodite‹ genannt, gilt seit jeher als die Verkörperung der vollkommensten Weiblichkeit. Sie ist eine römische Göttin, die Liebesgöttin. Der Legende nach wurde Venus aus Meerwasser und Schaum geboren und von einer Muschelschale an den Strand der griechischen Insel Zypern getragen. Ihre Schönheit war so beeindruckend, dass alle Lebewesen, Menschen und Tiere, sofort und allein bei ihrem Anblick anfingen, sich zu lieben. Wer sich heute das besagte Gemälde betrachtet, wird vermutlich ebenfalls beseligt lächeln. Venus, Schönheit und Liebe gehören für die meisten von uns einfach zusammen. Wir lernten die Liebesgöttin kennen, als wir anfingen, uns über Weiblichkeit und Liebe Gedanken zu machen.

Zypern ist fern, der Venushügel hingegen liegt unmittelbar in Ihrer Nähe. Es erscheint sehr leicht, ihn zu ertasten. Es macht Freude, Spaß, doch nicht immer ist Ihre kleine Venus, die, die in Ihnen drinnen wohnt, mit großer Lust dabei. Verbote aus der Kindheit, Normen, Regeln, die Kirche und strenge Tanten haben den vertrauten Umgang mit ihr hinderlich gemacht. Zum Glück ist sie aber noch immer da und wartet geduldig auf den Kontakt mit Ihnen. Was können Sie nun also tun, um diese Venus in Ihnen aus Ihrer Muschel zu locken? Wie fängt man an, wieder mit dem vertraut zu werden, das von Natur aus in einem liegt: der Sinnlichkeit? Wie belebt man dieses Gefühl wieder?

Meist hilft es schon, wenn wir beginnen, uns unseren ganz persönlichen Umgang mit der Sinnlichkeit zu betrachten. Wann leben wir sie aus? Wann bemerken wir sie? Je achtsamer Sie sich selbst beobachten, desto häufiger werden Sie feststellen, dass Sie ja schon sinnlich sind!

Sinnlichkeit im Alltag

Der Alltag bietet viele Gelegenheiten, Sinnlichkeit zu bemerken und zu schulen. Wie ist es zum Beispiel, wenn Sie sich ein neues Kleid, einen Pullover kaufen? Sie lassen die Hände darüber gleiten! Wenn der Stoff sich sehr schön anfühlt, dann entwischt Ihnen vielleicht sogar ein »Ooh« oder »Ahh, ist der weich!«. Sie stellen sich vor, wie der Stoff sich an Ihren Körper schmiegt. Wie er die Haut kühlt oder wärmt. Wie Sie in dem Kleid aussehen werden und was das dann mit Ihnen macht. Sie freuen sich darauf, das Kleid anzuziehen und damit aufzutreten. Sie werden auffallen, grazil und bemerkenswert sein.

Auch kostbare Bettwäsche werden Sie nicht kaufen, ohne den Stoff vorher zu befühlen und sich vorzustellen, wie es sich darin wohl schläft, schmust, liebt. Ob die Farbe zu Ihnen passt. Wie das Bett mit der neuen Garnitur aussieht und welche Nachtwäsche Sie dazu tragen wollen. Sie sehen, ein ganz gewöhnlicher Stoffkauf ist eine rundum sinnliche Erfahrung.

Sie prüfen:

Beschaffenheit: Wie fühlt sich das an?

Farbe: Gefällt mir die Farbe?

Geruch: Wie riecht das?

Fantasie: Wie wird es sein, wenn ...?

Erinnerung: Ich hatte das schon mal und es war ...

Falls Sie sich gerade eben beim Lesen so einen schönen Stoff, einen seidigen Bettbezug vorgestellt haben, dann beobachten Sie doch mal Ihr Gefühl. Wie geht es Ihnen gerade? Lächeln Sie ein wenig? Ist Ihr Gesicht entspannt? Wann immer wir uns bewusst etwas Sinnliches, Weiches vorstellen, werden wir es auch selbst. Deswegen ist es gut, so oft wie möglich an solche Dinge zu denken. Bilder dieser Art, mit allen Sinnen erlebt, machen uns innerlich ruhig und heiter. Wir atmen tief durch, unsere Augen bekommen einen Schimmer und der Körper ist wohlig durchblutet. Vielleicht möchten Sie dies einmal bewusst probieren?

Stellen Sie sich vor:

Eine sonnige Rast auf kühlem Moos.

Meereswellen, die über Ihren Körper fließen.

Warmer Sand.

Ihren Lieblingsduft.

Ein besonderes Papier.

Den Duft Ihres Liebsten.

Sonne auf unserer Haut.

Weichen, warmen Schaum.

Eine Massage im Hammam.

Ein Windspiel in der Mittagsstille.

Schon allein die Vorstellung von Sonne auf der Haut lässt uns auch ihre Wärme spüren. Wir fühlen das Kitzeln der Sonnenstrahlen, riechen den leichten Geruch von Sonnenmilch und Schweiß, hören die Kinder im Wasser plantschen, schmecken noch das Eis, das wir gerade geschleckt haben. Von einem Augenblick zum anderen ist es draußen nicht mehr so grau und im Büro nicht mehr so laut. Für eine kurze Weile liegen wir unter einer Palme, räkeln uns und freuen uns auf den Abend. Bilder dieser Art entspannen nicht nur augenblicklich, sondern sie machen die Empfindungen weich und fließend. Wir selbst werden, was wir denken.

Leider machen sich viel zu häufig hektische, negative Gedanken breit. Stressbilder wie Stau, Konflikte mit dem Partner oder der Blick auf die Waage nehmen einen großen Raum ein und machen verkrampft und hart. Sie erquicken unser Gemüt nicht, sondern lähmen uns. Selbst Venus würde bei solchen Vorstellungen blass und grau werden.

Bei allem, was Sie denken, sollten Sie sich also fragen: »Macht es mich schön?« Schönheit im Sinne von: »Tut es mir gut? Ist dies ein positiver, aufbauender Gedanke?« Seine Gedanken zu beobachten und zu schulen ist am Anfang etwas erschreckend. Wir stellen fest, wie dunkel die Bilder sind, die uns tagein, tagaus begleiten. Bald schon wird sich das jedoch ändern! Wer einmal damit begonnen hat, seine Gedanken ›wärmend‹ auszukleiden, lässt davon nicht mehr ab. Innerlich gut mit sich umzugehen, ermutigt auch, den äußeren Rahmen zu verändern. Auch da weicher, wärmer, sinnlicher zu leben. Es gibt eine ganze Reihe Möglichkeiten, das eigene Umfeld zu bereichern, umzugestalten oder bewusster wahrzunehmen.

Duft

Gefühl und Geruch liegen sehr nahe beieinander. Ein Parfum, Duschgel, Körperöl, mit dem Sie schöne Erinnerungen verbinden und das sich obendrein auf Ihre Haut legt, Sie umschmeichelt und berührt, kann Ihnen emotionaler Schutz sein, heilen, aber auch das Tor zu sehr weichen Empfindungen öffnen. Schon im ersten Moment wissen wir, ob wir einen Geruch mögen oder nicht. Dieses sinnliche Erleben bezieht sich auf Menschen, Tiere und Essenzen. Letztere haben zudem eine ›Botschaft‹, die Sie für sich nutzen können.

Jasmin verführt.

Myrrhe öffnet.

Palmarosa macht gelassen.

Rose ist die Blüte der Liebe.

Benzoe hüllt ein.

Mimose bringt uns den Frühling.

Welche Düfte lieben Sie? Der Duft von Orangen, ihre Farbe, ihre Fülle gleichen mich persönlich aus. *Private Collection* von Estée Lauder verspricht mir einen romantischen Abend. Frisch gemähtes Gras erinnert mich an ausgelassene Stunden in meiner Kindheit. Ein Bad in Vanille oder Rose macht mir Lust auf die Arme meines Liebsten. Was riechen Sie, wenn Sie jetzt die Augen schließen?

Tanz

Es gibt Trauertänze, Freudentänze, Standardtänze, Tänze in der Disco, Ballett, Eistanz und erotische Tänze. Unter letztere fallen Tango, Salsa und der Mambo. »Die Frau, die Salsa tanzen lernt, erspart sich einen Großteil der Therapie, die es braucht, die weibliche Sinnlichkeit zu wecken«, meinte dazu Dr. Maja Storch auf einem ihrer Seminare und schon tanzten alle Frauen los und wackelten mit Hintern und Hüften. Lateinamerikanische Musik singt von großer Lust. Um das zu verstehen, braucht es keinen Übersetzer. Musik dringt tief in unsere Seele und Tanz kann uns in andere Sphären heben. Wir tanzen aus uns heraus, wenn uns Raum und Musik ergreift. Der Ausdruck von sexueller Lust und Lebensfreude, der zum Beispiel in der Salsa-Musik liegt, ermuntert uns auf neue, aufreizende Weise, diese Emotionen auszudrücken. Das ist oft ein sehr betörendes Erlebnis, wenn Sie bislang nur Foxtrott tanzten. Sie geben Ihrer Venus damit den Raum, der ihr gebührt. Sich zu Musik frei zu bewegen, für sich selbst in der Küche zu tanzen, mit nackten Füßen den Parkettboden zu spüren, ist Sinnlichkeit pur. Sie sind sich dann selbst ganz nah. Schlechte Laune oder Depressionen können sich im Tanz nicht halten. Fröhliche Musik, geschmeidige Bewegungen verändern auch unsere Stimmung. Afrikanische Tänze machen uns zur Frau. Trommeltanz bringt uns in Trance. Stepptanz macht die Beine schön. Walzer gibt uns das Gefühl zu schweben. Holen Sie sich den Tanz zurück! Besuchen Sie einen Tanzabend und lassen Sie sich mitreißen. Der zweite Besuch kommt mit Sicherheit von allein.

Wäsche

O je, wenn ich mich an die Zeiten der Frauenbewegung erinnere, dann war verführerische Sinnlichkeit extrem verpönt. Erinnern wir uns:

BH's wurden verbrannt.

Spitze war völlig unmöglich.

Strapse erniedrigten.

Baumwolle war gut zu waschen.

Nylons waren das Allerletzte.

Von Schuhen mit hohen Absätzen, figurbetonenden T-Shirts, Schminke und exklusiver Kosmetik ganz zu schweigen. Viele meiner Freundinnen von damals tasteten sich nur sehr zögerlich an etwas seidigere Wäsche heran. War sie politisch korrekt? Sie ist es und wie! Auch im Spitzen-BH kann man entscheiden, das wussten wir damals nur noch nicht. Verführerische Unterwäsche schenkt uns wunderbare sinnliche Momente. Ganz besonders dann, wenn wir sie bewusst auswählen und nicht auf dem Wühltisch finden. Wäsche ist nicht nur etwas Besonderes, sie macht auch besonders. Werfen Sie deshalb die Billiggarnituren weg, die nicht zu einander passen und verbeult an Ihrem Körper baumeln.

Geschmack

Haben Sie *Chocolat* mit Juliette Binoche gesehen? Dann wissen Sie ja, was mit Geschmack, Genuss und Weiblichkeit gemeint ist. Von der zarten Ausstrahlung von Juliette Binoche können Sie sich, wenn Sie mögen, ein bisschen was ›klauen‹. Für das süße Erleben können wir uns ein paar Ideen von Profis holen. Eva Heß ist beispielsweise Konditormeisterin und lehrt Frauen, wie man Konfekt aus Schokolade zaubert. »Das Beste zum Schluss«, sagt sie, und meint damit ihre Verführungen der Patisserie.

Rituale

Rituale bestimmen unseren Tag, auch wenn wir sie gar nicht bewusst machen wollen. Es ist ein Ritual, zu Beginn des Tages sein Kind zu küssen, zu joggen oder ein bestimmtes Lied zu hören. Eine Belohnung, ein besonderes Geschenk kann ein Ritual sein, wenn wir uns überwunden und ein Ziel erreicht haben. Der gemeinsame Besuch einer Kirche an einem besonderen Tag ist ein Ritual. Das Märchen am Abend. Die Blumen zum Valentinstag. Rituale beruhigen, bekräftigen und machen Hoffnung darauf, dass das Leben uns beschützt. Ein Ritual bewusst zu wählen, setzt einen inneren Prozess in Gang. Ach so, denkt sich das Gemüt, wenn sie diese Musik auflegt, dann heißt das Vorfreude.

Rituale, die wir nur uns selbst widmen, sind kostbare Geschenke. Es sind Zeiten, in denen wir uns besser kennen lernen. Motive, die etwas ausdrücken oder ehren. Augenblicke, in denen wir uns berühren, schmücken, erfreuen oder trösten. Zeichen dafür, dass wir es wagen, etwas Neues auszuprobieren. Und sei es ein neues Körperöl nach dem Baden oder eine Rose, mit der wir unser Schlafzimmer verschönern.

Mit jedem Morgen begegnen Sie der Welt aufs Neue. Mit allen Sinnen. Sie hören, tasten, schmecken, riechen, reden. Sie öffnen sich anderen Menschen, um sie zu verstehen, um keine Fehler zu machen, Situationen richtig einzuschätzen. Ab jetzt werden Sie diese Wahrnehmungsvielfalt auch für sich in Anspruch nehmen. Wie hören, tasten, schmecken, riechen, reden Sie, wenn es um Ihre eigene Person, Ihre eigenen Gefühle und Gedanken geht? Wie Venus oder wie Else Kling?

Wach sein

Unsere fünf Sinne sind alles, was wir haben. Fünf Sinne bestimmen, wie wir die Welt erfahren und wie wir uns darin bewegen. Wenn wir alle unsere Sinne leben, erleben wir die volle Erfahrung unseres Lebens. Wenn unsere Sinne lebendig sind, sind wir mit uns und unserer Umgebung in Kontakt. Oftmals ist ein Sinn stärker ausgeprägt als die anderen oder wir nehmen eine bestimmte Sinnesqualität gar nicht mehr richtig wahr. Wir betrachten vielleicht bewusst die Farben der Natur, aber wir riechen nicht den Duft der Blumen, hören nicht die Vögel. Fehlt uns der Zugang zu einem Sinn, so fehlt uns auch der Zugang zu ganz bestimmten Welterfahrungen und Qualitäten. Wir sind dann eingeschränkt und viele Möglichkeiten bleiben unentdeckt. Unsere Sinne sind so kostbar wie Instrumente. Je öfter wir bewusst mit ihnen üben, umso vielfältiger und nuancenreicher wird unser Zusammenspiel mit der Welt sein.

 Übung

Stellen Sie sich eine Musikerin vor. Täglich übt sie viele Stunden auf ihrem Instrument. Sie schätzt und behütet es. Sie achtet darauf, wo sie es wie hinstellt oder ablegt, wie dort die Temperatur ist, ob es sicher liegt, ob es an dem Platz feucht oder trocken ist. Sie pflegt das Instrument mit der größten Sorgfalt. Niemals ist sie ihrem Instrument böse, wenn ihr etwas nicht so gelingt, wie sie es gerne hätte. Sie wechselt ihren Übungsplan. Stücke, die sie schon gut kann, und neue, schwierige Partituren werden abwechselnd gespielt. Die Musikerin ist ihrem Instrument und dem Schöpfer dankbar. Das Instrument ist die Grundlage ihres Könnens, ihrer Meisterschaft.

Ihre fünf Sinne sind das Instrument, auf dem Sie täglich spielen!

Beobachten Sie sich eine Weile und schreiben Sie Ihre Beobachtungen auf:
- Welche Sinne benutzen Sie in Ihrem Alltag am häufigsten?
- Welche Sinne benutzen Sie im Alltag kaum?
- Welchen Sinn würden Sie gerne häufiger gebrauchen oder besser kennen lernen?
- Gibt es einen Wahrnehmungskanal, zu dem Sie gar keinen Zugang zu haben glauben? Wie haben Sie das gemerkt? Wie lange ist das her?
- Spüren, schmecken, sehen, hören und riechen Sie einen Moment lang ganz bewusst. Was ist Ihnen bislang entgangen? Was möchten Sie sich in Zukunft nicht mehr entgehen lassen?

Stellen Sie sich jetzt vor, wie eine Katze auf einer Holzbank in der Sonne zu liegen. Es ist Nachmittag, die Bienen summen. Sie schnuppern, wachen auf, blinzeln ein wenig in die Sonne, öffnen die Augen und nehmen alle diese Geräusche, Düfte, Gefühle und Farben wahr. Nun beginnen Sie sich zu räkeln und sich zu putzen. Sie lecken sich die Pfoten, streichen über die Ohren, hören Ihr eigenes Schnurren und sind dabei sehr intensiv mit sich in Kontakt.

Ist es nicht ein großartiges Gefühl, mit allen Sinnen unsere Umwelt zu erfahren?

Erleben Sie von nun an die Welt so bewusst und wach.

Nicht nur Sex machen – auch dabei sein!

Sexualität hat ihre besondere Aufgabe fast ganz verloren. Wir schlafen nicht mehr primär miteinander, weil wir Kinder zeugen wollen, sondern:
- weil wir Lust haben;
- weil wir Bestätigung suchen;
- weil wir uns Nähe wünschen;
- weil wir uns finden wollen;
- weil wir den anderen finden möchten;
- weil es mal wieder Samstag ist;
- weil wir unsere Ruhe haben wollen;
- weil wir dabei entspannen;
- weil wir einen Menschen dadurch an uns binden wollen.

Es ist schon ein paar Jahre her, da stand in einer Gazette, Jerry Hall hätte das Geheimnis ihrer Ehe mit Mick Jagger verraten: Sie wäre jeden Tag zu Sex bereit! Diese Bereitschaft war kein Garant für den Fortbestand der Ehe – kurze Zeit später wurde publik, dass eine andere Frau ebenfalls ein Kind von Mick Jagger erwartete. Die Ehe wurde getrennt. Selbst täglicher Sex war offenbar zu wenig.

Was an dieser Geschichte merkwürdig ist, ist die Tatsache, dass Jerry Hall Sex offenbar als Klebstoff verstand.

Wenn Sex überhaupt diese Funktion hat, dann sicherlich eher wie Uhu als wie ein Kompaktkleber. Wenn es in einer Beziehung bröckelt, dann reicht bloßer Körperkontakt nicht aus. Dann müssen beide miteinander und jeder für sich wissen, was sie sich vom Leben und der Beziehung erhoffen. Der Matratzentest schlägt fehl, wenn die anderen Varianten unberücksichtigt bleiben.

Neben der ganzen Freude am Sex stellt sich die Frage, ob Jerry Hall wohl wirklich immer Lust gehabt hatte. Ob ihr der Sex nicht auch manchmal zu viel wurde, zu nah. Besonders nach den Schwangerschaften und Geburten. Und wenn sie so lustvoll war, warum sagte sie dann sinngemäß: »Er bleibt bei mir, weil wir jeden Tag miteinander schlafen.« Und nicht: »Ich bleibe bei ihm, weil er jeden Tag mit mir schläft!«

Sie merken es vielleicht selbst. Diese Äußerung ist für Frauen ungehörig. Dass wir überhaupt Spaß am Sex haben, ist ja auch noch gar nicht so lange bekannt. Männer untersuchen unsere Körper, definieren, was Lust und Unlust, wie der weibliche Orgasmus beschaffen und wie der echte vom unechten zu unterscheiden ist. Männer machen sich sogar darüber Gedanken, ob eine Frau im jetzigen Zeitalter den Zyklus überhaupt noch braucht. Müssen die armen Dinger wirklich bluten? Das ist lästig und eigentlich zu gar nichts nutze. Wenn Frauen menstruieren, fallen sie nicht nur sich selbst, sondern ganz besonders den Männern auf die Nerven. Sie sind dann nicht voll leistungsfähig, legen sich eine Wärmflasche auf den Bauch und der Eingang der Lust wird mit Tampons zugepfropft.

Marie, 44 Jahre

»Meine Blutung kommt meistens dann, wenn ich sie nicht brauche. Wenn ich ausgehen will, schwimmen, mit meinem Mann ein Wellness-Wochenende plane. Ich habe den ersten Tag Bauchweh, bin dünnhäutig, manchmal zänkisch oder verheult. Wir bekommen Streit, weil ich ihm zu viel werde oder er mir zu viel wird. Insgesamt also keine Angelegenheit, auf die ich mich Monat für Monat freue. Aber ich bedauere es schon jetzt, diesen Zyklus mit den Wechseljahren zu verlieren. Ich habe gelernt, auf seinen Wellen zu reiten. Ich genieße es, mich zurückzuziehen, wenn ich blute, und ich liebe es, ganz präsent zu sein, ist meine Periode wieder vorbei. Es ist so ein ›Nach innen – nach außen – nach innen – nach außen‹-Gehen. Ich finde, dieser Prozess ist einem Mann kaum zu erklären. Ich würde nie ein Medikament nehmen, das mir meinen Zyklus nimmt. Aber ich ahne schon: Sollte es tatsächlich irgendwann eines geben, das die Blutung unterdrückt, dann wird es auch Frauen geben, die es schlucken. Ganz besonders in den nächsten Frauengenerationen. Die Frauen werden diese Medikamente einnehmen und als eine Erleichterung betrachten. Sie werden es machen, weil unsere schnelle Welt keine Zeit für ›Zeiten‹ hat.«

Der Zyklus ist wichtig, um sich als Frau zu fühlen. Er gehört zu uns. Er macht uns aus, ist in manchen Ländern sogar heilig. Durch die Pille bekamen wir die Macht, ihn zu beeinflussen und zu steuern. Nicht allen Frauen tat das gut. Ein gewisser Kontakt ging dadurch verloren. Für die eine oder andere Grund genug, die Pille wieder abzusetzen. Den eigenen Körper, den Zyklus zu spüren, bedeutet, sich selbst ganz nah zu sein. Auch wenn wir manchmal Schmerzen haben. Wir liegen auf der Couch und menstruieren. Unsere Freundinnen nicken verständnisvoll und bringen uns heißen Tee. Wir sind eine Frau unter Frauen in diesen Tagen. Wer wollte uns, angesichts des Blutes, das aus uns fließt, absprechen, weiblich zu sein? Ist diese Woge vorbei, bewegen wir uns wieder auf den Eisprung zu. Wieder zieht es im Bauch, wir bekommen Gelüste auf verschiedene ›Leckereien‹, unter anderem auf den Mann.

Unsere Brüste werden praller, das Becken gut durchblutet, wer weiß, vielleicht werden wir mit diesem Eisprung sogar schwanger werden.

Der Zyklus macht uns zur Frau. Er schenkt uns Lust, Abstand und einen intensiven Kontakt mit Körper und Seele. Warum verlieren wir diesen Kontakt so schnell, wenn wir mit einem Mann im Bett sind? »Die Mehrzahl der Frauen, die nach den 60er-Jahren geboren wurden«, meint die Autorin Ebba D. Drolshagen, »hat bei jedem Geschlechtsakt Bilder im Kopf. Das ist die erste Fernsehgeneration!«

Anregung oder Flucht?

Sind wir tatsächlich mehr draußen als drinnen, wenn wir mit einem Mann schlafen? Ich finde es nicht erschreckend, wenn wir unsere Lust mit Fotos, Filmen und Fantasien unterstreichen. Problematisch wird es, wenn unser Partner dabei verschwindet, für uns gar nicht mehr vorhanden ist. Wenn wir die Augen schließen und mit ihm, oder ohne ihn, in eine völlig andere Welt abtauchen. Wir leben in den Träumen dann das aus, was wir in der Realität nicht wagen zu probieren, und an diesem geheimen Ort ermuntern wir unsere Partner dann zu Praktiken, die wir bei geöffneten Augen niemals wagen und über die wir auch nicht sprechen würden. Wir erfreuen uns an diesen Bildern, produzieren ständig neue Filme, sitzen in diesem Kino aber ganz allein. Ohne diese Fantasien, befürchten wir, sind wir zu keinem Orgasmus fähig oder zeigen nicht genügend Lust.

Es kann sein, dass das Fernsehen uns zu dieser Bilderflut erzogen hat. Doch wo ist der Ausschaltknopf? Können Sie in der Stille noch mit Ihrem Partner schlafen? Genügt sein Atem am Ohr? Können Sie sich den Tanz der Körper betrachten oder machen Sie lieber die Augen zu?

Melanie, 32 Jahre

»Wenn ich mit meinem Mann schlafe, dann habe ich schon so ein paar innere Reisen. An den Strand oder in ein hübsches Hotel. Ich sehe uns dann, schaue uns beim Sex zu und finde das ganz toll. Er hat eine feuchte Haut und ich bin ganz geschmeidig. Wenn ich die Augen öffne, sieht das zugegebenermaßen etwas anders aus. Mein Mann schwitzt nämlich gar nicht. Und ich bin auch nicht so geschmeidig. Ich sehe Speckröllchen, bei ihm und bei mir, etwas zu dicke Oberschenkel. Ich weiß gar nicht, wie mein Gesicht dann aussieht ... sicherlich anders als in dem Film. Diese ganzen Beobachtungen und Gedanken machen es mir dann manchmal schwer, in diesem Gefühl zu bleiben. Ich will dann wieder zurück in diese heile Welt des Sexes.«

Wenn diese Fantasiewelt heil ist, dann krankt es ein wenig an der Realität. Melanie wurde durch dieses Gespräch klar, dass sie sich mit ihrem Körper noch stärker anfreunden musste. Speckröllchen sind keine Lusttöter, für manche gehören sie sogar dazu. Etwas zu greifen, Haut zu spüren, darin zu kneten, ist doch eine feine Sache. Hinzu kommen die vielen Geräusche: der Atem, das Rascheln der Decken, Worte, die geflüstert werden. Wieso sich also in eine fremde Welt flüchten, wenn der Augenblick so schön ist?

Patricia, 38 Jahre

»Dass auch ich mich wegträume, habe ich so bewusst gar nicht gemerkt. Erst als ich etwas darüber las, fing ich an, mich zu beobachten. Es war fatal. Ich war fast immer weg! Als ich das merkte, habe ich sofort damit aufgehört. Nicht mit allen Bildern, aber ich lasse nun keinen gesamten Film mehr ablaufen. Ich tauche immer wieder auf und bin dann ganz bei meinem Freund und mir. Fühle genau hin. Höre genau zu. Meine Augen sehen mehr und ich selbst bin mit all meinen Sinnen da und kann unser Zusammensein bewusst erleben. Ich kann auch mich mehr genießen. Vielleicht weil die Lust realer geworden ist? Sie ist in diesem Moment ganz für mich da und je mehr Beachtung ich ihr schenke, desto reicher beschenkt sie mich. Dieses Präsent-Sein hat mich meinem Partner noch einmal näher gebracht. Es ist etwas so Beglückendes, sich in die Augen zu sehen, wenn man miteinander schläft. Auch ich fühle mich reicher und stärker mit mir verbunden. Ich weiß jetzt viel mehr, dass *ich* das bin, die mit ihm ist. Die Lust allein durch den Beischlaf zu steigern, finde ich inzwischen viel schöner als allein durch Bilder. Wenn ich mich wegträume, versuche ich jetzt diese Fantasien viel häufiger mit meinem Freund zu teilen.«

Sich wegzuträumen war früher sicherlich ein guter Schutz. »Mach die Augen zu und lass es über dich ergehen«, war der Rat, den manche Tochter mit in die Ehe brachte. Erst mit der Zeit und mit der Freiheit, persönlich den Partner zu wählen, konnte sich daran etwas ändern. Manche Frauen fühlen sich allerdings auch heute noch verpflichtet.

Wer für sich selbst bestimmt, übernimmt eine Menge Verantwortung. Auch für schlechten Sex. Was immer Sie sich auch unter gutem Sex vorstellen, setzen Sie es um. Nicht in Ihrem Kopfkino! Wagen Sie den Schritt ins Wachbewusstsein, um wach und munter diese Amorfreuden zu erleben. Schwimmen Sie mit auf diesen Wogen. Gestalten Sie sich diese Stunde. Äußern Sie Wünsche und erfüllen Sie welche. Die Sexualität der heutigen Zeit ist von vielen Zwängen und Ängsten befreit. Spazieren Sie im Garten der Lust!

Der Garten Eros

Mit dieser Übung bekennen wir uns zu unserem Geschlecht ›Frau‹ und zu unserer Sexualität.

➤ ➤ ➤ Übung

Stellen Sie sich vor, Sie würden sich in einem Garten aufhalten, der den Namen *Eros* trägt. In diesem Garten entdecken wir unsere Nacktheit, unsere Leidenschaft, unsere Zärtlichkeit. Wir sind ganz erfüllt von einer starken Sehnsucht nach dem, was uns ergänzt. Wir möchten berührt werden – und wir möchten, dass es andere nach uns, unseren Berührungen und uns als Ergänzung, verlangt. Mutig und ungeduldig durchstreifen wir die Gegend auf der Suche nach Befriedigung unseres Verlangens. Dieses heiße Begehren lässt uns spüren, wie sehr wir lebendig sind. Wir sind gemacht aus Fleisch und Blut, Schweiß und Tränen. In diesem Garten begegnen wir uns als Löwe und Löwin, Stute und Hengst, Kater und Katze. Alle unsere Namen sind beeindruckend, verführerisch und bezaubernd: *Julia, Romeo, Beatrice, Dante*.

Finden Sie heraus, welches Tier Sie in diesem Garten sind. Welchen Namen tragen Sie? Wie fühlt sich das an, wenn Sie ›das Tier‹ in sich spüren? Wie ist Ihr konkretes, sichtbares Verhalten in diesem Garten? Wie sind Sie, wenn Sie erfüllt sind vom Verlangen nach Ergänzung? Sinnlich, herausfordernd, sexy, wagemutig, stolz, hingebungsvoll?

Wie leben Sie diesen Garten in Ihrem Alltag? Welches erotische Verhalten ist Ihnen in diesem Garten möglich, das Sie auch in der Realität gerne leben würden? Welche Fähigkeiten helfen Ihnen, diesen Garten noch weiter zu erforschen? Gibt es alte Regeln in diesem Garten, die Sie nicht länger befolgen möchten? Welche Person hat diese Regeln aufgestellt? Vielleicht gibt es jedoch auch Regeln, die Ihnen sehr angenehm sind und die Sie auch weiter leben möchten. Welche Erwartungen als Frau werden an Sie gestellt? Sind diese Erwartungen mit bestimmten Farben, Geräuschen, Klängen verbunden?

Träumen Sie sich noch weiter in diesen Garten hinein: Welche Farben sehen Sie? Wonach riecht es? Was schmecken Sie? Welche Geräusche hören Sie? Wer berührt Sie auf welche Weise? Wie wach nehmen Sie diese Berührung auf? Spüren Sie die Hingebung!

Wenn Sie in Ihrem Garten *Eros* genug spazieren gegangen sind, werden Sie wieder wach und schreiben Sie Ihre Erlebnisse und die damit verbundenen Gedanken auf. Malen Sie ein Bild Ihres persönlichen Garten *Eros* und hängen Sie es zur Inspiration in Ihr Schlafzimmer.

Anfassen! Der Körper ist zum Streicheln da

Wenn ich in diesem Buch von unserem Körper spreche, dann meine ich damit in erster Linie unsere Haut, mit all ihren Empfindungen wie wohliges Frösteln, Härchen aufstellen und rosiges Entspannen.

Unter unserer Haut sind Muskeln, Sehnen, Knochen und das Bindegewebe. Die Haut hält uns zusammen, sie grenzt uns ab. Manchmal sogar ein wenig zu viel. Allergien werden schon lange auch als ein seelisches Problem betrachtet. Nicht nur Erdbeeren, auch Menschen können Pickel machen. Wir reagieren allergisch auf jemanden, wollen nicht, dass er uns zu nahe kommt. Manchmal möchten wir das nicht mal von uns selbst.

Als ich einmal einen schlimmen Ausschlag im Gesicht hatte (Ich nannte ihn damals: »Die furchtbare Schweineallergie«, weil ich wie ein Ferkel mit abstehenden Ohren aussah.), wollte ich weder mit mir noch mit meinem Körper etwas zu tun haben. Ich wollte nicht mehr nachdenken, nichts mehr an meinem Leben verändern. Alles sollte endlich wieder gut sein. Meine Allergie war anderer Meinung. Jeder Blick in den Spiegel wurde zur Tortur. Ich war so hässlich, so entstellt. In blinder Wut schluckte ich Pillen, Vitamine, Hefeextrakte, aber nichts wollte so richtig helfen. Mein Körper, meine Haut hatten sich gegen mich verschworen. Zornig versuchte ich mich abzuwenden – leider ohne Erfolg. Ich war der Haut böse, dass sie mich im Stich gelassen hatte. Ich wollte mich in ihr heimisch fühlen, nun aber war ich wie ein Monster. Die anderen Menschen konnten mich begaffen, wie sie wollten. Meine Rötungen, die enormen Schwellungen, die entstellten Augen! Ich fühlte mich noch hässlicher, als ich es nach meinem Gefühl schon immer war.

Die Allergie machte sichtbar, was ich längst mit Sicherheit zu wissen glaubte: Ich war nicht okay! Dabei galt ich, bis vor der Allergie, als eine wirklich schöne Frau. Zumindest hatte ›Mann‹ mir das gesagt. In guten Zeiten war ich mit Teilen von mir zufrieden. Entweder mit dem Gesicht – dann musste der Bauch straffer werden – oder mit dem Bauch – dann hatte das Gesicht vielleicht einen störenden Pigmentfleck. Den Weg zu mir suchte ich über das Äußerliche. War ich mit meinem Körper irgendwie zufrieden, na, dann konnte es mir doch nicht so schlecht gehen. Oder?

Tatsächlich hatte ich damals den Zugang zu mir verloren. Mit der Allergie wurde das noch schlimmer. Nun gab es die Möglichkeit, die Haut schnellstmöglich wieder in Stand zu setzen, damit ich zu mir finden konnte nach dem Motto: Hat man ein gutes Körpergefühl, fühlt sich auch die Seele wohl. Die andere Möglichkeit war, mit Hilfe der Allergie endlich zu kapieren, dass ich noch nie einen wirklichen Zugang zu meinem Körper gehabt hatte! Ich hatte mich vorab nie als etwas Ganzes gewürdigt, sondern immer nur Teilausschnitte gesehen und Bedingungen gestellt. Eine Bedingung war, so auszusehen, wie ich nach meinen inneren Vorstellungen auszusehen hatte. (Diese ähnelten übrigens sehr den Vorstellungen verschiedener Frauenmagazine!) Dann gab es noch die Bedingung, in meinen verschiedenen Tätigkeiten erfolgreich zu sein und gut zu wirken. Positiv wollte ich auf mich aufmerksam machen, allein schon in der Art und Weise, wie ich auftrat. Meine Haut machte mir einen Strich durch diese Rechnung. Indem mein Äußeres so verunstaltet war, dass ich nicht mehr auftreten konnte, musste ich mich auf meine anderen Werte besinnen.

Erst einmal wusste ich nicht, wie vorzugehen war, und verbrachte unzählige Abende am Küchentisch meiner besten Freundin. Wir kochten Kräuter ab, versuchten immer neue Wickel. Ich badete in Salz und strich jegliches Eiweiß aus meiner Ernährung. So erfolgreich, wie ich hoffte, war es nicht. Die dicken Augen kamen wieder, die Haut begann zu ›blühen‹. Also suchte ich mir einen Therapeuten und drang mit fachmännischer Hilfe in die Gefilde meiner Seele vor.

Gemeinsam forschten wir nach meinem inneren Kind und fragten es, was es von mir wollte. Es antwortete: Liebe, Liebe, Liebe. Also fing ich damit an. Ich nahm mir Zeit, mein inneres Kind zu hätscheln, und siehe da: Bereits nach kurzer Zeit besserte sich die Allergie.

Wenn unsere Seele streikt, das kleine Kind in unserem Bauch plärrt, dann zeigt sich das sehr schnell im Spiegel. Die Augen werden matt, die Haare hängen glanzlos am Kopf, wir bekommen Pickel, Mitesser, Ausschläge, und wer von letzterem verschont bleibt, wird gequält von trockenen Stellen. Nicht immer schreit das Kind so laut, dass es, wie bei mir, in eine Allergie ausartet. Manchmal sind es nur ein paar kleine Falten, Rötungen oder Schuppen.

Der Körper als Stimme der Seele

Was auch immer Sie störend bemerken, versuchen Sie, mit Ihrem Körper zu kommunizieren. Machen Sie ihn nicht mundtot mit Medikamenten und verschiedenen Cremes, sondern interessieren Sie sich für das Problem. Fragen Sie die Haut immer wieder, was ihr fehlt. Ermuntern Sie das innere Kind, Ihnen zu sagen, was es braucht.

Valerie, 32 Jahre

»Wenn ich zu viele Pickel bekomme, ist klar, dass ich mal wieder nicht auf meine Lebensweise, auf das, was mir gut tut, geachtet habe. Meine Haut ist wie ein Signal, das mir ›STOPP‹ zuruft. Ich käme nie auf die Idee, Pillen zu schlucken oder wegen einem Pickel zur Kosmetikerin zu laufen. Ich weiß schon, was die Haut mir sagen will, und ich respektiere ihre Wünsche. Ich esse weniger Schokolade, mehr Obst und Gemüse, schlafe ausreichend, trinke genug Wasser, weniger Wein, weniger Kaffee und sorge dafür, dass mich keine Menschen ärgern, beziehungsweise lasse mich nicht von ihnen ärgern. Pickelzeit ist Schonzeit. Wenn ich diese kleinen Zeichen missachte, dann fängt nicht nur mein Gesicht an zu spannen, sondern ich werde insgesamt verkrampft.«

Was fehlt der Haut beziehungsweise unserer Seele? Was ist es, das so beißt, so kratzt, so juckt? Oft hilft es schon, wie Valerie sagt, sich wieder etwas mehr um sich zu kümmern, die eigenen Bedürfnisse wahrzunehmen. Einen Ruhetag zu planen. Ein Bad. Sich selbst zu berühren, zu streicheln und sich die Zuwendung zu geben, die man im Moment vielleicht von niemand sonst bekommt. Es ist egal, ob Sie Single sind oder nicht. Ob Sie mit dem ersten oder hundertsten Mann gemeinsam leben. Eines ist ganz sicher: Mit einer Person bleiben Sie auf jeden Fall vom ersten bis zum letzten Atemzug zusammen, nämlich mit sich selbst. Tut es nicht gut, diese Person zu mögen? Ihr das zu sagen? Sie abzutasten, leicht zu kneten, mit den Fingern nachzufühlen? Auch die verstecktesten Rillen und Ritzen dieser Haut zu finden?

Unsere Haut ist unser wichtigstes Sinnesorgan. Wie glücklich und selbstzufrieden schmunzelt das kleine Kind, streichelt die Mutter seinen Bauch. Wie wohlig ist uns zumute, küsst der Liebste unseren Nacken. Knabbert leicht an unserem Ohr. Wie entspannend ist eine Massage mit wohl duftendem Öl. Die Berührung unserer Brust. Lippen an unserem Bauchnabel. Wie schön ist es aber auch, wenn wir selbst einen anderen Menschen anfassen. Ihm die Wange streicheln, an die Hand nehmen. Können Sie sich erinnern, wie aufregend es war, den Mann, den sie lieben, das erste Mal zu spüren?

Barbara, 38 Jahre

»Wir kannten uns schon eine ganze Weile, verliebt waren wir erst kurz. Zumindest hatten wir bis zu diesem Abend nicht darüber gesprochen. Wir gingen gemeinsam ins Theater. Als es dunkel wurde, griff Norbert nach meiner Hand. Ich wagte nicht zu atmen. Meine Finger spielten mit den seinen, stundenlang, wie es mir schien, wir sahen uns nicht an. Von dem Theaterstück bekam ich nichts mit, die Sätze rauschten nur so an mir vorbei. Ich fühlte nur die Finger seiner Hand. An jedem von ihnen gab es für mich so viel zu entdecken. Es war sinnlich und spannend zugleich. Und sicherlich auch einer der erotischsten Momente meines Lebens. Ich fühlte mich von Kopf bis Fuß begehrt.«

Sich begehrt fühlen, von Kopf bis Fuß, ganz sein, sich wohlig fühlen mit der Bindegewebsschwäche, mit den zu vielen Pfunden oder mit den grauen Haarsträhnen; nachfühlen, wenn etwas schmerzt, ein Körperteil sich meldet, mit sich in Kontakt sein – nicht nur mit den Augen, mit der Seele, sondern auch mit der Haut. Wir wissen, dass Haut auf Haut heilen kann. Kränkungen werden auf diesem Weg vergessen. »Reich mir die Hand«, bedeutet soviel wie: »Sei mein Freund. Sei mir wieder gut.«

Wie oft haben Sie anderen schon die Hand gereicht und wie schwer fällt es Ihnen bei sich selbst? Oft genug sind wir uns selbst gegenüber viel härter als gegenüber anderen Menschen. Ehe wir uns versehen, läuft das Programm ab, von dem wir dachten, es wäre längst gelöscht:

- Du bist nicht recht, so wie du bist.
- Du kannst deine Fehler höchstens kaschieren.
- Du bist eigentlich eine Null!
- Es gibt nichts Bemerkenswertes an dir.
- Du hast keinen Grund zur Eitelkeit.

Ganz besonders dann, wenn unsere Haut streikt, unsere inneren Probleme äußerlich offensichtlich werden, wollen wir eher kämpfen, als uns mit uns versöhnen. Hören Sie genau hin, welches Bedürfnis Ihre Seele hat und an welchen Sätzen sie noch knabbert. Sehr oft handelt es sich dabei um Sätze aus der Vergangenheit. Negative Äußerungen halten sich sehr frisch, da sie plus Sicherungskopie gespeichert wurden. Für Ihr Leben sind sie noch immer wirksam.

Je enger es Ihnen um die Brust wird, desto lauter ruft Ihnen Ihre Seele zu, dass es höchste Zeit ist, sich ein wenig zu verwöhnen. Schluss zu machen mit den alten Parolen. Ein Streichelprogramm zu starten. Eine Gegendemonstration. Was auch immer war, es ist vorbei.

Abschied von den Gespenstern aus alten Tagen

Was auch immer Sie noch bedrückt, Ihnen ›Pickel macht‹, Sie können es verändern oder abschließen.

Betrachten Sie sich die Probleme von früher und lassen Sie sie los. Niemand auf dieser Welt hat das Recht, über

Sie zu bestimmen oder in irgendeiner Form zu richten. Sie sind ein ganzer Mensch, ein heiler. Sie dürfen sich mögen, sich in Ihrer Haut wohl fühlen, zärtlich zu sich sein.

Indem wir uns selbst berühren, senden wir eine Botschaft an unsere Seele, an unser inneres Kind. Wir sagen ihm durch unsere Hände, dass wir es lieb haben. Dass wir es gerne streicheln. Dass wir verrückt danach sind, mit unseren Fingern über unsere eigene Haut zu tanzen. Die kleinen Wirbel im Haarnacken zu lieben. Mit diesen Liebesbotschaften tanzen wir fröhlich auf uns zu.

Rosalie, 36 Jahre

»Als Lukas mich verließ, habe ich mich als erstes heiß geduscht. Ich dachte, ich müsse diese ganze Beziehung von meinem Körper spülen. Ich weiß gar nicht, wie lange ich unter dem heißen Wasser stand. Meine Haut wurde auf jeden Fall ganz weich. Sie spannte, als ich abgetrocknet war. Sie juckte, und ich suchte etwas, um sie zu beruhigen. Ich griff nach dem feinen Rosenöl, das ich sonst nur an ganz hohen Feiertagen benutze. Kann sein, dass mir klar war, dass genau heute solch ein Tag war. Ich ölte mich vom Kopf bis zu den Zehen ein. Ja, auch die Füße ließ ich nicht aus. Ich berührte jeden einzelnen Zeh. Bemerkte zum ersten Mal, wie vorwitzig der Kleine war. Ich cremte meine Beine, meinen Po, die Achselhöhlen ein. Jede Ecke meines Körpers. Rückblickend empfinde ich diese Stunde fast als Salbung. Während ich mich berührte, fing ich an zu weinen. Ich fühlte, wie die ›Ketten sprangen‹, wie endlich Trauer kam. Das war ein sehr beeindruckender Moment. Ich war mir, meinem Körper und meiner Seele, in diesem Augenblick ganz nah. Fast so, als gäbe es gar keine Haut.«

Eine Berührung kann der Schlüssel zu unserem Leid sein. Das Tor der Tränen öffnen. Damit die Trauer endlich fließt. Als mein Vater starb, durfte ich das am eigenen Leib erfahren. Ich fuhr gleich nach der Trauerfeier für ein paar Wochen weg. In meinem Abschiedsschmerz konnte mir ja keiner helfen. Nach drei Wochen besuchte ich ein Kosmetikinstitut. Die Haut wurde gereinigt und im Anschluss folgte die Gesichtsmassage. Die Kosmetikerin strich mir mit ihren Händen ganz zart über das Gesicht. Fast augenblicklich kamen mir die Tränen. Meine Einsamkeit wurde mir bewusst.

Gerade dann, wenn wir traurig sind oder nicht so richtig an uns glauben, ist es nötig, dass wir uns bewusst berühren oder berühren lassen. Vielleicht verstehen Sie nun besser, wieso wir uns so gerne eine Massage gönnen oder einen Termin bei einer Kosmetikerin. Wir brauchen Zärtlichkeit. Wir spüren dadurch, dass wir mit anderen leben, Gemeinschaft sind, gemocht werden. Deswegen nehmen wir eine Freundin gerne in den Arm, kuscheln uns an unseren Liebsten, streicheln unserer Großmutter übers Haar und unserer Mutter die Hand. Wir sagen dadurch: »Ich hab dich lieb!« und erfreuen uns an der Verbindung.

Erlauben Sie sich zu glauben, dass andere Menschen, Männer, Sie nicht nur gerne berühren, sondern dabei auch selbst einen Genuss erfahren. Weil Sie eine Frau sind. Mit samtener Haut, glänzenden Haaren und aus noch vielen anderen begehrenswerten Gründen.

Liebevolle Berührung

Wir können jederzeit Berührung spüren, auch wenn niemand da ist, der uns berührt. Der Schatz der Berührung liegt in uns selbst. Wie gehen Sie selbst mit Berührungen um? Wie viel Streicheleinheiten lassen Sie zu? Wie häufig verschenken Sie zärtliche Berührungen? Schenken Sie diese gerne oder werden Sie lieber beschenkt? Welchen Wert hat die Berührung für Sie persönlich und welche Bedeutung geben Sie ihr? Ist es nur ein Geben oder möchten Sie sich auch etwas holen? Möchten Sie vielleicht helfen? Was immer Sie jetzt auch antworten, alles ist in Ordnung und darf so sein, wie es ist. Es gibt kein falsch, kein richtig. Wichtig ist nur, dass Sie sich Ihres Umgangs mit Berührung und des Unterschieds der verschiedenen Möglichkeiten bewusst werden. Wenn Sie zum Beispiel ein Mensch sind, der eher Berührungen verschenkt, dann können Sie mit dieser Übung probieren, wie es sich anfühlt, wenn man bewusst empfängt. Sie müssen nichts tun, leisten, zurückgeben, sondern dürfen einfach annehmen und genießen. Freuen Sie sich auf diesen Genuss.

 **Übung**

Setzen oder legen Sie sich hin und lassen Sie Ihren Atem tiefer und ruhiger werden. Spüren Sie den Atem wie einen Kreislauf, der vom Kopf zu den Füßen fließt und von den Füßen wieder zurück zum Kopf. Sie werden schon bald feststellen, wie Sie mit jedem Atemzug gelassener und ruhiger werden und wie sich Ihre Muskeln immer mehr entspannen.

Stellen Sie sich nun bei jedem Atemzug vor, wie Sie die Kraft der Mutter Erde durch Ihre Fußsohlen in sich aufnehmen. Spüren Sie diese Kraft und geben Sie sie durch den Kopf wieder an das Universum ab. Es ist nicht nur ein Kreislauf, der Sie belebt, sondern es ist eine der vielen Formen von Berührung. Nun verändern Sie die Richtung. Atmen Sie die Energie durch den Kopf ein und lassen die Energie beim Ausatmen wieder zurück in die Mutter Erde hineinströmen.

Stellen Sie sich vor, wie Sie mit jedem Einatmen Zuwendung aus Ihrer inneren Quelle oder von Mutter Erde holen. Spüren Sie, wie viel liebevolle Zuwendung Sie sich selbst, auch ohne andere, schenken können. Mit jedem Ausatmen geben Sie die liebevollen Gefühle an die Quelle oder an Mutter Erde zurück. Auf diese Weise entsteht ein lebendiger Fluss von Berührung und Zuwendung in Ihnen selbst. Der Atem ist Ihr Begleiter. Er trägt und begleitet Sie dabei – geben und nehmen, verströmen und auftanken – immer im Wechsel. Sie spüren, wie Sie immer mehr bekommen, je mehr Sie verschenken. Es ist ein liebevolles, harmonisches Miteinander. Sie sind auf diese Weise mit sich und anderen ganz in Resonanz. Sie spüren, wie das Strömen Ihren Körper transparenter macht, die Haut, der gesamte Körper empfindsamer wird. Gleichzeitig werden Sie sich Ihrer Grenzen bewusst.

Sie sind ganz bei sich und wissen, wann immer Sie möchten, können Sie in diesen Zustand der Zuwendung und Berührung kommen. Die Berührung macht Sie heil, stark und sinnlich. Sie ist ein Geschenk, eine Kraft und ein Moment der tief erlebten Freude. Sie spüren die Schwingung in sich selbst und sind bei sich und ganz und heil. Vielleicht möchten Sie aber nun auch aktiv werden und es fallen Ihnen Menschen ein, die Sie schon lange nicht mehr oder noch nie berührt haben und die Sie nun berühren möchten.

Während die Energie der liebevollen Berührung noch in Ihnen nachschwingt, kommen Sie langsam, in Ihrem Tempo, wieder ins Tagesbewusstsein zurück. Atmen Sie mehrere Male tief durch. Sie sind jetzt erfrischt und wach. Vielleicht möchten Sie nun Ihre Erfahrungen aufschreiben oder etwas Musik anmachen und sich in das Gefühl der liebevollen Berührung noch ein wenig hineintanzen.

Falten bekommen – Abschied und Neubeginn

Zugegeben, als ich über dieses Kapitel nachdachte, war ich noch keine 40 Jahre alt. Zudem war ich mir sicher, dass mich diese Zahl, die ›4‹, weder beeindrucken noch stören würde. Ich wollte alles ganz anders machen. Fröhlich und ausgelassen wollte ich meinen 40. Geburtstag feiern. Als Fleisch gewordenes Beispiel vorleben, dass eine Frau von heute mit dieser Lebenszahl nicht kämpft. Nicht mehr. Älter werden ist für uns kein Thema mehr. Dieses Problem betraf meiner Ansicht nach eine andere Generation.

Noch unsere Mütter wagten es nicht, von Selbsterfüllung zu träumen. Und sie waren alt. Oh, mein Gott, was waren sie alt! Als ich ein Teenager war, erschien mir die 40-jährige Mutter einer Freundin greisenhaft. Meine eigene, damals 46 Jahre, war für mich bereits jenseits allen Lebens!

Heute legen wir in diesem Alter noch einmal richtig los. Wir machen das, was uns Spaß macht und/oder das, was wir für unsere Entwicklung brauchen. »Was für eine wunderbare Sache, eine Frau in den mittleren Jahren zu sein!«, krakeelte ich laut durch alle Räume. »Und mit 50 geben wir dann richtig Gas! Mit einem jüngeren Mann, mit einem älteren oder mit mehreren.« Für mich war erfülltes Frauenleben nicht an Jahreszahlen gebunden.

»Frauen kommen langsam, aber gewaltig«, sang schließlich schon Ina Deter, damals selbst fast in der Mitte ihres Lebens. »Männer begehren tolle, reife Frauen!«, ergriff ich bei verschiedenen Gesprächsrunden das Wort. »Sie finden sie erotisch. Diese grauen Haare machen nicht nur wahnsinnig interessant ... nein, diese Ladys sind es sogar!«

Laut und fest war meine Stimme, als ich meine Statements hinausposaunte. Fragte mich jemand unbedacht: »Hast du denn nicht Angst vor diesem Alter?«, wurde ich auf der Stelle pampig. Angst? Was denn für eine Angst? Ich konnte meinen 40sten ja kaum erwarten!

Und dann war er tatsächlich da.

Auch mein Leben hatte die Drohung wahr gemacht: Ich wurde 40 Jahre alt! Ganz egal, ob ich dies nun gut fand oder nicht – unbeeindruckt stand der Geburtstag vor der Tür.

Doch beginnen wir von vorne: Am Tag vor meinem Geburtstag freute ich mich noch riesig, so viel wissen Sie ja bereits. Dann kam Mitternacht. Jubel, Jubel, nun ist sie endlich wirklich 40! Es war merkwürdig und ging ganz schnell. Ich sah die Zahl (mit Sahne auf roter Grütze) und auf einmal war mir klar: Dies ist kein Spaß mehr. Es liegt nicht mehr in deinem Ermessen, ob du 39 sagst oder mit der 40 kokettierst. Es ist einfach so weit. Du wirst alt! Ich erschrak von der Plötzlichkeit meiner Gedanken. Sie überfielen meine gute Laune wie ein Heuschreckenschwarm und zirpten laut in meinem Kopf. Waren weder zu überhören und schon gar nicht zu verdrängen. Das Kartenhaus meiner märchenhaften Vorstellung fiel in sich zusammen, und so sehr ich mich auch dagegen wehrte, ich rutschte immer tiefer in lähmende Gedanken.

Das Geburtstagsfest überstand ich mit einem Zitronenlächeln auf den Lippen und als der Alltag wieder kam, ertappte ich mich eines Morgens, wie ich müde an die Decke stierte. Desillusioniert, traurig, ohne Schwung. Ich hatte keine ›3‹ mehr vorzuweisen, sondern nun war es eine ›4‹. Dann würde die ›5‹ kommen. Dann die ›6‹. An all das, was dann noch kam ... besser nicht dran denken. Ich war so fix gealtert wie ein Pfirsich in einer lauen Sommernacht. Der Saft war raus, die Falten sichtbar. Dellen in den Schenkeln. Fett am Bauch. Gnadenlos blickte ich an mir herab. Ich war älter geworden, und zwar nicht nur um ein paar Stunden, sondern, so wie es sich anfühlte, mindestens um ein paar Jahre.

Selbst mein Galgenhumor ließ mich im Stich, denn alle Witze, die ich sonst um Falten und Zellulitis riss, waren auf einmal Realität. Waren Wort für Wort an meinem eigenen Körper zu entdecken. Keine schlauen Sprüche, keine Wetten mehr auf fremde Pferde, jetzt war ich selbst im Rennen. Was, fragte ich mich sorgenvoll, wenn mein Liebster mich verließ? Wenn er 40- und 50-jährige Frauen nicht im Entferntesten so erotisch fand wie ich? Wenn er sich nach Kindern sehnte, die ich uns nicht mehr schenken würde? Ich war ja jetzt schon nicht mehr attraktiv. Diese bedrohlichen Ränder unter meinen Augen ... Lohnte es sich überhaupt noch, die Haare immer wieder frisch zu tönen? Der graue Scheitel wuchs ja doch ständig heraus. Wozu neue Kleider an den welken Körper werfen? Es hieß doch nur, die nackte Wahrheit zu kaschieren.

Vielleicht können Sie mitfühlen, wie schrecklich es mir erging. Ich, die ich für alles und jeden sonst eine Idee parat hatte, fühlte mich wie die Hälfte eines Nichts. Ein Nichts-Nichts. Ansonsten zu allen Gesprächen bereit, war es mir in diesen Tagen unmöglich zuzugeben, was mit mir geschah. Was sollte ich auch sagen? Frau Großmaul hat es selbst erwischt? Keine schlechte Idee.

Erkennen, was uns blockiert

Zu seinen miesen Gedanken und Komplexen zu stehen, war schon immer äußerst hilfreich und obendrein der erste Schritt zur Besserung. Doch erst, als ich immer trauriger wurde, vertraute ich mich meinen Freundinnen an. Und am liebsten sprach ich mit den Frauen, die diese Zahl schon hinter sich gelassen hatten. Hier fand ich Verständnis oder einen aufmunternden Blick.

Eva, eine ältere Frau, erzählte mir, wie sie diese Krise überwunden hatte. Berichtete, wie sie es schaffte, dass ihr trotz der vielen Kerzen auf dem Kuchen das Stück Torte noch schmeckte. Und was sie tut, wenn ihr trotz aller Affirmationen hin und wieder doch ein Marzipanbrocken im Halse stecken bleibt. Wie man dieses Ding dann, ohne zu würgen, herunterschluckt. Ihr Fazit: Am schmerzfreiesten klappt dies mit Hilfe unserer Vertrauten.

Eva, 43 Jahre

»Ein oder zwei Mal im Jahr fahre ich mit meinen besten Freundinnen fort. Wir lassen unsere Männer und Kinder daheim und buchen uns für ein paar Tage in immer dieselbe Ferienwohnung ein. Inzwischen waren wir schon so oft gemeinsam dort, dass wir alle Winkel kennen. Ich betone das deswegen, weil uns dies viel Freiraum schenkt. Wir brauchen nichts erkunden, alles ist vertraut. Wir kochen selten und essen lieber Take away. Wir faulenzen, sehen fern, lesen, hören Musik. Wir trinken Wein, rauchen und reden. Je länger wir zusammen sind, desto intensiver werden die Gespräche. Wir berichten uns von unseren Freuden, aber auch von unseren Ängsten und Nöten. Letzteres ist besonders spannend. Meist ist es so: Eine fängt an und die anderen ziehen nach. Wir sind miteinander sehr vertraut, fühlen uns geborgen. Es ist gut zu wissen, dass es hier nicht um Besserwisserei geht, sondern um einen Austausch. Die Probleme sind sich häufig ähnlich. Um manche Erfahrungen kann sich wohl niemand drücken. Aber wenn man dann darüber spricht, kann man alles einmal aus einem anderen Blickwinkel betrachten. Und wenn das mehrere auf einmal tun, dann fühlt man sich auch nicht mehr so allein oder so seltsam. Ich dachte zum Beispiel, dass nur ich ein Problem mit dem Älterwerden hätte, dass die anderen der Gruppe damit ganz locker umgehen könnten. Denkste! Aber in dem gemeinsamen Gespräch fanden wir dann auch heraus, dass die Falten ja eigentlich gar nicht so das Problem der Haut sind, sondern viel eher das unseres Kopfes, unserer Seele. Das Gefühl, sich grau und hässlich zu fühlen, ist doch altbekannt! Das hatten wir auch schon mit 20 Jahren. Diese erbärmlichen Tage der Unattraktivität. Sie fühlen sich gleich an, die von damals, wie die von heute. Das ist keine Sache des Alters, sondern ein Mangel an Selbstwertgefühl. Unser Körper war nie perfekt. Früher war es der zu kleine Busen und heute sind es eben die Krähenfüße an den Augen. So weit so gut. Wir können und wollen uns natürlich nicht gegenseitig therapieren. Das ist nicht der Sinn der Fahrt. Aber diese Gespräche sind ein erster Schritt, sich die Gefühle zu betrachten. Sie wahrzunehmen. Wir können uns gegenseitig trösten, miteinander lachen und sagen: »Siehst du, mir ergeht es ähnlich.« Manchmal nimmt man einen Rat, eine Idee mit heim. Ich fühle mich bei meinen Freundinnen sehr aufgehoben, ich vertraue ihnen sehr. Diese Wochenenden geben mir Kraft und Ruhe. Ich weiß, ich gehe den Weg ins Alter nicht allein. Sie begleiten mich, so wie sie damals mit mir auch in die Disco gingen.«

Es stimmt: Freundinnen sind etwas Wunderbares ... aber leider sind sie keine guten Feen. Gemeinsam mit Freundinnen oder Freunden etwas zu besprechen gibt viel Kraft. Wir können uns zurücklehnen und uns ein wenig im

Nacken kraulen lassen. Wir können gemeinsam jammern, gute Vorsätze schmieden oder schimpfen. Allerdings, eines bleibt nach allen Gesprächen gleich: An der Sache *arbeiten* müssen wir allein! Wir selbst müssen verändern, was uns quält, unglücklich macht oder schleichend deprimiert. Das setzt voraus: Wir müssen erkennen, was uns blockiert, alt und grau macht, und dann überlegen, ob eine Handlung erforderlich ist. Nur erkennen und nur sprechen ist zu wenig. Es verändert nichts. Und selbst die intimste Busenfreundin wird es leid, kommen wir immer wieder mit dem selben Problem. Wir müssen uns also anschauen, was uns blockiert, und den Willen aufbringen, negative Ansichten, Glaubenssätze und nicht unterstützende Verhaltensweisen abzuschaffen.

Liebe hat nichts mit dem Alter zu tun

Älter werden ist nicht lustig. Das ist ein Glaubenssatz, der scheinbar dazugehört. In Zeitschriften und Interviews haben wir es gelesen oder gehört und auch unsere Mütter haben es uns prophezeit: Älter werden macht nicht immer Spaß. Für manche ist älter werden sogar ein richtiges Problem. Älter werden gehört zum Leben, wir können uns weder dagegen entscheiden, noch Zeit erkaufen.

In bunten Magazinen entdecken wir tagtäglich Abbildungen von alten Männern und jungen Mädchen. Wir sitzen beim Friseur, blättern kopfschüttelnd weiter und beneiden die lockigen, jungen Frauen nicht. Wir wollen gar keinen Mann, der eine derartige Selbstbestätigung braucht. Das Fatale ist nur, dass sich dafür niemand interessiert. Unsere Meinung ist nicht gefragt. Wir sind bei diesen Männern nicht einmal mehr im Blickfeld und das kränkt dann doch auf gewisse Weise. Der, den wir nicht wollen, will uns nicht. Warum ärgert uns das bloß? Wir werden übergangen. Nicht mal mehr die Medien scheinen sich für uns zu interessieren. Wo man auch hinschaut – junge Frauen. Es nützt nichts, dagegen irgendetwas zu unternehmen ... oder ist vielleicht doch das Fitness-Center angesagt?

Halt! Das macht keinen Sinn. Wir müssen einen ganz persönlichen Umgang mit diesen Prozessen finden. Wir selbst müssen für uns bestimmen, mit welcher Einstellung wir älter werden wollen. Welche Perspektive es für uns gibt. In welche Richtung wir unseren Blick schweifen lassen möchten. Kein Mensch kann uns vorschreiben, wie wir uns zu fühlen haben. Es liegt in unserer Macht, ob wir Rosenblätter oder Scherben vor uns auf den Weg streuen.

Älter werden ist zum Glück nicht nur anstrengend:

Wir wissen nun, was wir wert sind, und fordern unseren Preis;
- wir haben an Erfahrung gewonnen;
- unsere Ausstrahlung wird wärmer;
- wir wissen, was uns glücklich macht;
- viele Dinge haben sich bereits geklärt;
- die ersten Beziehungen liegen hinter uns;
- die nächsten vor uns;
- oder unsere Partnerschaft gewinnt eine neue Tiefe;
- wir können noch einmal etwas ganz Neues wagen;
- uns auf neuen Gebieten erproben.

Welche Rolle spielt die Sexualität in Ihrem Leben? Egal wie alt Sie sind oder wie alt Sie sich gerade fühlen, es besteht kein Grund, darauf zu verzichten, wenn Sie Sehnsucht danach haben. Erotik macht jung. Ein Körper, den man selbst liebt, ist schön. Erleben Sie sich und Ihren Körper mit ganz neu erwachten Sinnen und verbieten Sie sich Gedanken, die diesen Prozess nicht fördern. Für Neuanfänge, Zufälle und kleine Wunder gibt es keine Geschlechtertrennung und keinen Einsendeschluss.

Laura, 51 Jahre

»Als ich erfuhr, dass mein Mann schon seit mehreren Jahren eine Geliebte hatte, zog mir das den Boden unter den Füßen weg. Damit hatte ich nicht gerechnet, an so etwas niemals geglaubt. Innerhalb eines Jahres wurde die Trennung durchgezogen. Ich zog aus dem Haus, meine Kinder blieben bei ihm. Sie wollten sich nicht umgewöhnen. Frühere Freunde verabschiedeten sich, beachteten mich nicht mehr. Ich deckte viele Lügen auf, kam hässlichen Geschichten auf den Grund. Mein Beruf, den ich bislang nur aus Spaß ausgeübt hatte, musste mich von jetzt ab ernähren. Ich hatte Geldprobleme, wurde krank, fühlte mich sehr grau, sehr alt und konnte mir nicht vorstellen, jemals wieder zu lachen. Die Freundin meines Mannes war jünger. Erst wollte ich die Trennung an meinem Alter festmachen. Dann stellte ich fest, dass wir uns schon lange nichts mehr zu sagen hatten. Je länger ich alleine lebte, desto klarer wurde mir, wie abhängig ich von meinem Mann gewesen war. In jeder Hinsicht. Auf einem Faschingsball lernte ich dann einen Mann kennen. Wir tanzten die Nacht miteinander durch und er wollte mich wiedersehen. Ich war erstaunt darüber, wie unbefangen und selbstbewusst ich damit umging. Alles in mir war ganz ruhig und ausgeglichen. Ich rannte dieser Erfahrung nicht hinterher, sondern ließ sie auf mich zukommen. Ich fühlte mich meinem Alter gemäß und schön. Wusste, dass ich in jedem Fall die Verantwortung über mich und mein Leben behalten werde. Mein neuer Bekannter und ich fanden auf dieser Ebene zueinander. Vieles, was mein neuer Partner denkt und macht, ist mir fremd, aber ich kann es bei ihm lassen. Und er redet mir nicht in mein Leben. Ich lasse mir nichts mehr vorschreiben und genieße diese neue Liebe auf eine ganz besondere Weise. Diese Liebe genügt sich selbst, sie muss für mich keine anderen Bereiche klären. Deswegen gehe ich so in ihr auf. Die Trennung, wenn Sie so wollen, ist das

Beste, was mir passieren konnte. Ich fühle mich sehr frei, reif und bin voller Freude und Erwartung. Damit hätte ich früher niemals gerechnet. Ich dachte schon ab Mitte 40: Jetzt ist alles vorbei.«

Wie ist es bei Ihnen? Wie sieht Ihr Älterwerden aus? Wollen Sie nur traurig sein oder möchten Sie nicht auch etwas Neues, Aufregendes erleben? Aber wie könnte das speziell für Sie aussehen? Wie wird sich Ihre Rolle verändern? Frauen im mittleren Alter sind keine kleinen Mädchen mehr, die man gerne unterstützt. Studentinnen mit nettem Lächeln. Es rückt die Lebensphase näher, in der wir nicht mehr allein durch unser Aussehen glänzen, sondern in der Charisma zählt. Kein Laufband, keine Gewichte, keine Diät können Ihnen diese Ausstrahlung verleihen. Charisma bedeutet, mit sich eins sein, mit sich glücklich sein, sich anzunehmen, wie man ist, und den anderen annehmen, so wie er ist. Charismatische Menschen haben Hunger nach Herzensbildung, Weisheit, Güte und Intelligenz. Sie geben ihre Erfahrungen gerne weiter und respektieren andere Lebensweisen. Sie wissen, dass die Liebe, die sie anderen Geschöpfen entgegenbringen, das eigene Leben bereichert und verschönt. Aber wem erzähle ich das? Sie gehören ja dazu! Haben Sie nicht auch Lust, andere auf ihrem Lebensweg zu unterstützen?

Sicherlich, es ist alles ein wenig anders als bisher ... aber ist es nicht auch spannend, sich wieder einmal auf neue Weise zu erfahren? Diese Zeit in der Mitte des Lebens ist wie eine zweite Pubertät. Wir rebellieren gegen alte Muster und beginnen, uns ein neues ›Image‹ zu kreieren.

Damit Sie Ihre Ziele klar erkennen, versuchen Sie herauszufinden, an welchem Punkt, an welcher Stelle des Lebenszyklus' Sie gerade stehen und welche Anforderungen und Schwerpunkte damit verbunden sind. Noch wichtiger ist es, diese nicht nur zu erkennen, sondern sich auch für

sie zu entscheiden und sie zu benennen. Clarissa Pinkola
Estés beschreibt dies in der *Wolfsfrau* auch als die Fähig-
keit, unsere weibliche Einfühlsamkeit herauszufinden. Sie
geht der Frage nach, wann welche Aspekte unseres Da-
seins sterben müssen und wann sie leben sollen und wie.
In der Regel wollen wir uns nicht mit Gedanken dieser Art
belasten. ›Leben‹ und ›sterben‹ klingt uns dann etwas zu
dramatisch. Wandeln wir den Begriff einmal in Fragen um:
- Möchte ich weiter die gleichen Kleider tragen?
- Die gleichen Farben?
- Setze ich ein neues, äußeres Zeichen?
- Welche Ziele gibt es noch?
- Welche Wohnform möchte ich mir wählen?
- In welches Land zieht es mich?
- Wie wichtig ist für mich Kreativität, Musik und Tanz?
- Was möchte ich weitergeben?
- Was erhalten?

Im ersten Moment können all diese Gedanken verunsichern. Wer die Wahl hat, hat auch immer die Qual einer
Entscheidung. Die Möglichkeit, sich auf neue Weise zu er-
schaffen, ist sehr reizvoll, aber manchmal auch ein wenig
anstrengend. Immer sollen wir über uns nachdenken und:
im Fluss bleiben.

Mein forscher Vortrag, dass Frauen mit 40 Jahren nicht
zu übertreffen sind, zeigte nur, wie ängstlich ich angesichts
des Themas war. Es war wie zu lautes Singen in einem
dunklen Keller. Ob 100 Prozent dafür oder 100 Prozent dagegen, es zeigt in den meisten Fällen nur, dass das richtige
Maß noch fehlt. Das richtige Maß finden wir häufig in der
Mitte. Und wenn es gut ist, dann sogar in der Mitte des
eigenen Seins. Haben wir diesen Bereich gefunden, fühlen
wir uns wohl. Wir brauchen dann weder Protest laufen,
noch müssen wir flüchten, sondern strahlen die be-
zaubernde Ruhe von Menschen aus, die eins mit sich und
ihrem Leben sind.

Alter ist kein Hindernis. Weder für die Liebe noch für das Leben an sich. Es ist keine Behinderung, sondern eine Wandlung. Es gibt ein inneres Licht, das uns ausmacht, wofür wir uns lieben und wofür uns auch die anderen lieben. Lassen Sie es leuchten.

Verhandlungs-Refraiming: Ein Konflikt wird versöhnt

Oft sind wir voller Widersprüche. Wir möchten frei sein, aber nicht allein. Wir möchten flirten, aber am liebsten nicht gesehen werden. Wir möchten jemandem sagen, dass wir eine andere Meinung haben, und suchen gleichzeitig nach Harmonie. Beide Seiten eines Widerspruchs möchten uns jedoch etwas sagen und tragen in sich einen Wert. Wenn wir beide Werte erkennen und miteinander vereinigen, werden Widersprüche zu einem Geschenk; zu Selbstsicherheit und zu Kraft.

 **Übung**

Setzen Sie sich entspannt hin. Stellen Sie Ihre beiden Füße nebeneinander, die Beine leicht gespreizt. Legen Sie Ihre Hände so auf die Knie, dass die Handflächen nach oben zeigen. Schließen Sie die Augen und stellen Sie sich vor, in einer Hand ist der Glaubenssatz oder die Emotion, die Sie einschränkt – Sie können dazu auch ›Einwand‹ sagen. In der anderen Hand befindet sich das ›Ziel‹.
    Zum Beispiel:
    Rechts: Ich habe vor der Zukunft Angst.
    Links: Ich will mich zeigen.

Spüren Sie nach, welche Emotion in der Hand ›Einwand‹ und in der Hand ›Ziel‹ liegt. Wie fühlt sich das an? Beide Emotionen haben eine Funktion, einen Sinn in Ihrem Leben. Angst vor der Zukunft kann Sie zum Beispiel schützen. Sich zeigen wollen macht uns bewusst, wie stolz wir auf uns sind.

Betrachten Sie mit dem inneren Auge nun jede Hand für sich. Kommt Ihnen vielleicht eine Hand größer vor? Sind Farben in der Hand erkennbar? Formen? Hören Sie vielleicht etwas? Einen Ton, eine Melodie? Lassen Sie sich von jeder Hand ein Symbol schenken, das sich in der jeweiligen Handfläche befindet.

Beide Hände ›setzen sich nun gemeinsam an einen Tisch‹. Die rechte Hand erzählt der linken, welche Funktion ihre Emotion hat und welchen Reichtum sie in Ihr Leben bringen möchte. Die Hand erzählt Ihnen, welch sinnvolle Absicht in dem Verhalten liegt. (Vielleicht: »Ich möchte dich beschützen und bewahren. Ich halte dich zurück, damit dich andere nicht verletzen. Ich möchte dich vor der grauen Realität bewahren und gebe dir dafür einen schillernden Traum ...«)

Nun möchte die linke der rechten Hand erzählen, welcher Reichtum sich in ihrer Emotion versteckt. (Vielleicht: »Ich habe aber Sehnsucht danach, mich zu zeigen. Ich will verändern und glänzen. Ich will Erfolg haben und Verehrer finden. Älter werden ist ein Reichtum!«)

Fragen Sie Ihre Hände: »Wollt ihr beide miteinander in Kontakt kommen, euch austauschen und gegenseitig befruchten?«

Wenn ja, dann betrachten Sie sich die Hände erneut. Verändern sich die Farben darin, die Formen?

Führen Sie die Hände nun ganz langsam zum Körper und legen Sie die Handinnenflächen aufeinander. Verschränken Sie die Finger, wenn Sie möchten. Beide Hände, beide Emotionen, beide positiven Absichten werden sich nun vollständig miteinander verbinden und jede der beiden positiven Absichten wird durch die andere noch besser für unser Leben. Dank der Ressourcen von beiden Händen kann eine neue Vorstellung entstehen. Beide Absichten können nun miteinander gemeinsam in die Zukunft gehen und werden sich nicht mehr gegenseitig behindern, sondern ergänzen. Lassen Sie sich ein neues Symbol von Ihrem Unbewussten schenken und verteilen Sie das neue, schöne Gefühl in Ihrem ganzen Körper.

Stellen Sie sich drei Situationen in der Zukunft vor, die Sie nun, dank der Kraft dieser neuen Emotion, auch neu erleben werden.

Er hat mich wegen einer Jüngeren verlassen

Als Gerhard Schröder sich von seiner ›Hillu‹ trennte, ging ein Aufschrei durch das Volk. »Ich wähle ihn nicht«, schimpfte damals eine Bekannte, die gerade wegen einer anderen Frau verlassen worden war. »So oft wie der verheiratet war, ist er für mich nicht mehr glaubwürdig. Außerdem ist seine Neue jünger.« Gerhard Schröder ist Kanzler geworden. Ob er privat glücklich geworden ist, wissen wir nicht.

Wenn Menschen sich trennen, ist das schmerzhaft. Egal ob die Trennung sinnvoll erscheint, lange erwartet oder lange verdrängt wurde oder ob sie sich plötzlich ereignet.

Ob Ihr Mann Sie wegen einem anderen Mann oder einer anderen Frau verlassen hat und ob letztere jünger, älter, schöner, reicher ist, ist erst einmal nebensächlich. Was Sie schmerzt, ist der Verlust, die Angst vor der Zukunft.

Viele Frauen jedoch, die wegen einer Jüngeren verlassen wurden, beginnen zu fantasieren und zu spekulieren. Sie stellen sich vor, was die andere – allein aufgrund der Tatsache, dass sie jünger ist – alles besser kann und macht. Wie hübsch sie ist. Wie der Mann sich mit ihr schmückt und sie hofiert. Sich selbst bewerten die verlassenen Frauen als ausrangiert, abgewertet, verstoßen, ungenügend.

Die Frauen fühlen sich gekränkt, gedemütigt und würden sich am liebsten rächen. Die Beziehung ist zerbrochen. Schuld ist das eigene Alter und die körperliche Hautstraffheit der anderen Frau.

An Ihrem eigenen Alter können Sie nichts drehen, das ist nun einmal so. Dass die andere Frau auch schöner sein kann, wenn sie älter ist als Sie, auf die Idee kommt manchmal keine.

Anke, 36 Jahre

»Ich bin die Jüngere. Mein Freund hat seine Frau verlassen, die älter war als er. Die Frau und ich sind altersmäßig zwölf Jahre auseinander. Sie sieht sehr jung aus, hat kein einziges graues Haar, keine Falten im Gesicht. Eine natürliche Schönheit, so beschreibt er sie auch gerne. Ich hingegen habe Krähenfüße und etwas dicke Beine. Sie können sich nicht vorstellen, wie alt ich mich manchmal im Vergleich mit seiner Exfrau fühle ...«

Auch das gibt es also.

Es scheint also erst einmal angebracht, lediglich von der Tatsache auszugehen, dass Ihr Mann sich in eine andere Frau verliebt hat. Das hätte Ihnen auch passieren können, dass Sie sich in einen anderen Menschen verlieben ... oder etwa nicht? Sollte es sich bei der neuen Verbindung tatsächlich um eine handeln, die nur aufgrund des Alters und reiner Äußerlichkeiten geschlossen wurde, dann frage ich Sie ernsthaft: »Wie konnte es Ihnen passieren, sich so lange mit einem derart oberflächlichen Menschen zu verbinden?« Das Schicksal war Ihnen mit dieser Trennung gnädig, sehen Sie es einmal so.

Die jüngere Frau an sich ist ein Mythos. Wir machen aus ihr eine Phantomgestalt, die in der Realität niemals hält, was die Fantasie verspricht. Allein dadurch, dass sie jünger ist, wird sie nicht interessanter. Im Gegenteil, viele Dinge, die man mit seinem Partner austauscht, sind bei einem jüngeren Menschen gar nicht möglich.

Nicht, dass ich es nicht auch schon probiert hätte, aber so richtig in Schwung kam ich dabei nie. Meist fand ich die Gespräche nett, aber rückblickend oft auch ein wenig fad. Ich komme langsam in das Alter, in dem ich gerne Jugenderlebnisse teile. Mit dem jungen Liebhaber ging das nicht – er aß zu dieser Zeit noch Breichen. Dann gab es noch einen weiteren jungen Mann in meinem Umfeld. Der war für sein Alter schon viel weiter. Wir trafen uns sehr oft, unterhielten uns und er konnte mir nicht nur in all meinen Argumenten folgen, sondern bot mir auch Paroli. Ich konnte von ihm viel lernen. Ein ganz schlauer Mensch. Erotisch fand ich das aber nicht. Was meine Person angeht, so stehe ich nicht auf unbehaarte Jünglingsbrüste. Lachen konnte ich mit ihm – aber leider nicht über die 60er, die 70er, die 80er.

Ich liebe Körper, die die Zeichen ihres Alters zeigen. Ich spüre gerne Arme, die schon viel gehalten haben, Hände, die Spuren zeigen. Graue Fäden im Haar finde ich sehr anziehend. Wenn ich mit meinem Liebsten ein Wochenende voller Plauderei, Gespräche, Freunde und Natur erlebt habe, dann ist es schön, sich gemeinsam etwas hinzulegen. Wir sind dann zwar erholt, aber müde. Bei meinem jungen Freund geht es am Sonntagabend noch einmal richtig los. Das alles zu Uhrzeiten, die außerhalb meines biologischen Rhythmus' liegen. Nach Mitternacht geht er in den Club, wo gegen Morgen dann die Party steigt. Wie sollte ich mich bis Mitternacht wach halten? Ach so, man trifft sich schon früher, und dann würden seine Freunde vielleicht wieder »Hi! Das ist doch deine Mutter?«, fragen. Das hat es alles schon gegeben und beim ersten Mal fand ich es sogar richtig witzig. Als seine Partnerin, befürchte ich, ginge mir die Begrüßung irgendwann sicher an die Nieren. Egal, wie erotisch er meine Falten findet, es macht für mich keinen Sinn, und Sie und ich sind uns also einig: Bei einem jungen Mann bleibe ich in ziemlich vielen Punkten auf der Strecke. Nicht weil ich älter bin, sondern weil er jünger ist. Und selbst wenn er sich sehr bemüht, kann er die Uhr nicht vordrehen.

Lustkiller

Männer, habe ich mir von verlassenen Frauen berichten lassen, wären, was das angeht, anders. Viel selbstsicherer und eitler. Kann sein. Aber vergessen wir auch die jungen Frauen nicht! Ob es denen wirklich so viel Spaß macht, wie Sie annehmen? Möchten Sie den Preis der jungen Frauen zahlen? Haben Sie schon einmal mit einem viel älteren Mann geschlafen und auf den Höhepunkt gewartet?

Mira, 32 Jahre
»Ich bin Maskenbildnerin beim Theater. Da kommt man natürlich mit allerlei interessanten Menschen in Kontakt. Letztes Jahr lernte ich einen unserer Schauspieler näher kennen. Er gefiel mir schon eine ganze Weile ziemlich gut. Auch in den Rollen, die er spielte. Er trat auch in verschiedenen Fernsehserien auf. Ich fühlte mich jedenfalls sehr geschmeichelt, als er anfing, mir ganz offen den Hof zu machen. Er zeigte ein sehr gutes Benehmen und sein Alter, er war 18 Jahre älter als ich, merkte ich ihm gar nicht so sehr an. Na gut. Die Haut am Hals war schon ziemlich labbrig. Da konnte ich nicht drüber wegsehen, denn ich musste ihn ja täglich schminken. Er machte mir also schöne Augen und es kam, wie es kommen musste, nach einer Vorstellung ging ich mit ihm nach Hause. Die Wohnung war geschmackvoll eingerichtet. Kamin und alles,

was dazu gehört. Wir erzählten ... eigentlich erzählte er. Genau genommen fragte er gar nichts, sondern sonnte sich ziemlich eitel in seiner Bekanntheit. Wer ihn nicht schon wo überall erkannt und angesprochen hätte ... ermüdend, sage ich Ihnen! Als wir uns näher kamen, fand ich das eigentlich trotzdem ziemlich schön. Zugegebenermaßen, ich war damals Single und ein wenig ausgehungert. Der Beischlaf war aber dann eine Tortur. Es ging nicht vorwärts, nicht rückwärts und das über Stunden. Grauenhaft. Ich hatte so etwas noch nicht erlebt. Was mich aber am meisten beeindruckte, war, dass er sich weder schämte noch verlegen wurde, noch sonst irgendwie verunsichert. Nein, er verkaufte mir seine Impotenz als etwas ganz Besonderes. Als einen Vorzug. Jüngere Männer, behauptete er, könnten Frauen nicht richtig befriedigen. Sie kämen selbst zu schnell zum Höhepunkt. Er hingegen sei in einem Alter, in dem er das verstanden habe und genügend Zeit mitbringe. Das würden die Frauen an ihm unglaublich schätzen. Ich wundere mich noch heute, dass ich nicht einfach lachte. Ich glaube, dazu war ich viel zu verdutzt. Zeit lassen! Als es zu mühsam wurde, zog ich mich an und ging nach Hause. Mit Männern in meinem Alter kenne ich diese Art von Reinfall nicht. Und dann noch die Eitelkeit ... unglaublich. Ich bin froh, dass er heute nicht mehr in unserem Theater spielt, sondern nur noch Fernsehen macht.«

Um dieses Erlebnis ist Mira nicht zu beneiden. Impotenz ist natürlich keine Schande, aber die Eitelkeit dieses alten Gockels ist wirklich sehr unangenehm, richtiggehend abstoßend. Die Befriedigung, die junge Frauen von älteren Männern erfahren, würde ich generell als mangelhaft bezeichnen. Allerdings wird darüber nicht gesprochen, es ist ein Tabu. Es wird einfach so getan, als seien alle älteren Männer vital und aktiv. Aktiv sind sie vielleicht. Vital vielleicht auch – aber sicherlich nicht im Bett. Obwohl es im Prinzip eine traurige Angelegenheit ist, wird uns hier ganz ungeschönt das Gesicht des Alt-Jung-Verhältnisses gezeigt.

Birgit, 34 Jahre

»Ich hatte einmal über ein paar Monate einen 20 Jahre älteren Verehrer. Ehrlich gesagt, sah ich in ihm eher einen Vaterersatz als einen Lover. Ich mochte unsere Gespräche und da er einen interessanten Beruf hatte, konnte ich eine Menge von ihm lernen. Wir waren viel miteinander unterwegs und es stellte sich mit der Zeit heraus, dass er in mir mehr, als nur die wissbegierige Schülerin sah. Anfänglich versuchte ich mir seine plumpe Anmache zu Komplimenten schönzudenken. Er betonte, wie wertvoll ich ihm sei, und fand mich viel zu reif für die Männer in meinem Alter. Ich sei denen überlegen. Es wäre für mich das Beste, wenn mein Partner älter wäre. So in seinem Alter. Deswegen würden wir uns auch so gut verstehen. Ältere Männer finde ich eigentlich nicht anziehend, aber ich fühlte mich geschmeichelt, dass ich diesem erfolgreichen Mann eine adäquate Gesprächspartnerin war. Im Rückblick weiß ich nicht mal, wie er darauf kam. Wir plauderten ja mehr, als dass wir ernsthafte Gespräche führten. Aber gut, kommen wir zum wunden Punkt. An einem Abend fühlte ich mich ein wenig krank und allein. Ich hatte eine Erkältung und war so ein bisschen verheult. Er rief mich an und besuchte mich sofort. Hatte etwas zu essen und Blumen dabei. Er tröstete mich und versuchte mich aufzuheitern, indem er mir allerlei Besonderheiten aufzählte, die er an mir fand. Wir lachten, kuschelten uns ein bisschen aneinander. Nach einer Weile äußerte er den Wunsch, mit mir zu schlafen. Ich erschrak erst ein bisschen, denn so deutlich war er noch nie geworden, ließ mich aber darauf ein. Wir knuddelten ein wenig intensiver, zu einem Beischlaf kam es allerdings nicht. Es war schlicht und ergreifend gar nicht möglich. Obwohl diese Nacht schon sehr lange zurückliegt, finde ich das, was dann kam, noch immer sehr unappetitlich. Er wollte in mich eindringen, aber er schaffte es nicht. Wir experimentierten ohne nennenswerten Erfolg herum. Er wurde gereizt – obwohl das eigentlich mein Part gewesen wäre. Nach einer Stunde sprang er aus meinem Bett und zog sich laut schimpfend seine Hose wieder an. Er sagte, so eine Null wie mich hätte er ja noch nie erlebt und überhaupt, Erektionsprobleme gäbe es bei ihm nicht. Der Reinfall sei allein meine Schuld. Mal davon abgesehen, dass ich in so einem Fall nie an Schuld oder etwas in der Art denken würde, fand ich das Ganze ziemlich gemein. Es kam eine Menge Aggression zum Vorschein, die er mit ganzer Wucht gegen mich richtete. Ich war enttäuscht und verletzt, auch menschlich. Außerdem warf ich mir vor, nicht bemerkt zu haben, was für ein mieser Typ er war. Er hat sich nie wieder bei mir gemeldet und auf den Brief, den ich ihm schrieb, niemals reagiert. Der reife Mann ... ein Lutscher war er.«

Ob Ihr Exmann also Spaß mit seiner jungen Freundin hat (oder, das ist ja die eigentliche Frage, sie mit ihm), sollte Ihnen also herzlich egal sein. Die Wahrheit werden Sie vermutlich so oder so niemals erfahren. Selbst wenn er sich vor Ihnen brüstet, brauchen Sie das nicht zu glauben. Wenn Sie mit ihm eine ernsthafte Beziehung führten und er sich einfach verliebte, dann geben Sie ihm Ihren Segen und lassen Sie ihn in Frieden gehen. Falls er den Männern aus den Beispielen gleicht, dann atmen Sie ruhig auf. Haben Sie ein Vermögen mit ihm aufgebaut, sichern Sie sich Ihren Teil. Scheuen Sie sich nicht vor Pragmatismus.

Abschied und Neubeginn

All das hat aber nichts mit dem Alter der neuen Partnerin zu tun. Ihre Aufgabe ist es, die vergangene Zeit abzuschließen und dann den Blick nach vorne zu richten. Und diese Auseinandersetzung hat wiederum nichts mit Ihrem Alter zu tun. Verwechseln Sie da nichts.

Erlauben Sie der Wut, die Sie auf das frische Paar empfinden, nicht, Ihnen den Blick zu verstellen, worum es bei Ihnen selbst geht. Nämlich um:

- Lebensgefühl;
- Lebensziele;
- Überlegungen, welche Form von Beziehung Sie sich wünschen;
- Sehnsucht nach Liebe;
- Sehnsucht nach Sex;
- Sehnsucht danach, sich als Frau begehrt zu fühlen;
- Sinn des eigenen Lebens;
- Älter werden;
- Trost;
- Schutz.

Viele dieser Wünsche werden durch eine Beziehung, und sei diese noch so oberflächlich, zurückgedrängt. Es gibt einen Mann an der Seite, folglich braucht man nichts zu suchen. Es gibt Frauen, die begnügen sich mit Telefonbeziehungen, Brieflieben. Andere wissen, dass sie betrogen werden, und wollen es nicht wissen. Solange der Ehemann den Schein mit aufrecht erhält, ist für sie alles im grünen Bereich. Das ist aber zu wenig, finden Sie nicht auch? Sie haben etwas Besseres verdient. Ein reiches Leben, ausgewogen in allen Bereichen. Es gibt keinen Grund, sich selbst ins Abseits zu stellen.

Dagmar, 58 Jahre

»Ich habe an nichts mehr geglaubt. An gar nichts. Zwei Ehen waren geschieden worden und zwei Kinder hatte ich alleine großgezogen. Im Alter von 50 Jahren zog ich wieder bei meiner Mutter ein – in mein eigenes Kinderzimmer! – und richtete mich auf die Betreuung ein. In dieser Zeit habe ich vom Leben nicht mehr viel erwartet, von der Liebe gar nichts. In einer Bäckerei, beim Brötchenkauf, traf ich dann meinen jetzigen Mann. Wir sahen uns an und verliebten uns sofort ineinander. Alles ging ganz schnell. Wir verabredeten uns, ich zog aus dem Kinderzimmer wieder aus, wir heirateten. Seit vielen Jahren lebe ich nun eine glückliche, harmonische Beziehung. Wir genießen die Zeit, die wir miteinander verbringen, und erfreuen uns an den vielen Dingen, die uns verbinden, an den gemeinsamen Interessen, die wir haben. Ich habe all das geschenkt bekommen, auf dessen Erfüllung ich schon nicht mehr hoffte, und bin dem Leben sehr dankbar.«

Jeder Mensch kann sich zu jeder Zeit und in jedem Alter noch einmal neu verlieben. Bis dahin nutzen Sie Ihre Zeit, um zu überprüfen, worauf es Ihnen in Ihrem Leben ankommt. Spüren Sie nach, wie Ihr Leben als Frau sich jetzt gestalten wird. Welche Menschen und Aufgaben einen Wert für Sie bedeuten. Wohin Sie möchten und mit wem. Wecken Sie Ihre schlummernden Kräfte und Ideen auf! Sollten Sie sich in Zukunft erneut an einen Menschen binden, wird Ihnen dies Wissen von Vorteil sein und Ihre Attraktivität steigern. Menschen, die sich mögen und gerne mit sich sind, ziehen andere Menschen an. Nur wer seinen eigenen Wert kennt, kann den Wert eines anderen Menschen würdigen.

Wenn Sie sich wie ein Häuflein Elend fühlen, weil Sie sich innerlich in Ihrer Beziehung und der späteren Trennung verloren haben, versuchen Sie sich erneut zu finden.

Erlauben Sie sich, die alten Zeiten loszulassen. Vielleicht liegt Ihnen ja gar nicht mehr so viel daran. Es gab schon manch eine Frau, die erst durch Nachdenken darauf kam, dass es ihr ohne den Partner, die frühere Familie besser geht. Die Zeit des Übergangs ist eine gute Zeit, um diese Positionen neu zu bestimmen.

Genießen Sie den Reiz, den es hat, eine neue Welt zu betreten!

Fantasiereise in die Zukunft

Welchen Weg wollen Sie ab jetzt gehen? Wie wird sich Ihre Zukunft gestalten, was ist Ihnen wichtig, welches Lebensgefühl möchten Sie in sich tragen? Für welche der vielen Möglichkeiten möchten Sie sich entscheiden? Welche bislang versteckten Sehnsüchte möchten Sie endlich leben?

 **➤ ➤ ➤ Übung**

Stellen Sie sich vor, Sie wären der Schöpfer Ihrer eigenen Realität, Ihrer Zukunft. Legen Sie sich eine Musik auf, die Sie mögen, einen Rhythmus, der Sie bewegt. Schließen Sie die Augen und tanzen Sie im Raum. Versuchen Sie sich dabei mit dem inneren Auge zu betrachten und treten Sie innerlich einen Schritt von sich zurück. Versuchen Sie dabei nicht zu fühlen, sondern schauen Sie sich ganz ›nüchtern‹ an, wie aus einer Art innerer Distanz. Wie sehen Sie aus, in diesem Moment, mit diesem Alter, das Sie gerade haben? Was tragen Sie? Wie sind Ihre Haare geschnitten? Welche Vorlieben genießen Sie? Was essen und trinken Sie gerne? Welche Ziele sind Sie gerade dabei zu verfolgen? Machen Sie sich bewusst, welche Erwartungen, Glaubenssätze, Gedanken Sie hinsichtlich Ihres eigenen Lebensweges haben, wenn ›alles so weitergeht wie bisher‹. Stellen Sie sich vor, wie Sie in zehn Jahren aussehen werden. Sehen Sie den Gesichtsausdruck? Wie werden Sie in fünfzehn Jahren leben? Stellen Sie sich dies bildlich vor. Betrachten Sie sich. Gefällt Ihnen das Bild? Sehen Sie in sich einen zufriedenen und glücklichen Menschen? Welche Lebensqualität steckt in dieser Vorstellung? Gehen Sie im Alter immer weiter. Wie und wo leben Sie, wenn Sie 75 Jahre alt sind? Betrachten Sie Ihr Gesicht, den Ausdruck Ihrer Augen.

Nun stellen Sie sich vor, Sie hätten sich ganz und gar dazu entschieden, ab jetzt Ihren Mut und Ihre Sehnsüchte zu leben. Sie würden sich fortan nicht mehr zurücknehmen, sondern Ihre Träume leben. Und Sie würden sich dazu entscheiden, an den sicheren Instinkt in sich zu glauben, der Ihnen sagt, was Ihnen gut tut. Sie sagen ja zu diesem Instinkt und sind bereit, dieser inneren Stimme zu folgen. Und Sie stehen klar und deutlich zu sich selbst: Ihrem Alter, Ihrem Können, Ihrer Sexualität, Ihrem Charisma. Alle diese Werte sind voll in Ihrem Leben integriert.

Lassen Sie sich von der Musik nun ein weiteres Mal in die Zukunft mitnehmen. Wie sehen Sie nun – angesichts der gelebten Sehnsüchte – in zehn Jahren aus? Welche Kleidung tragen Sie? Wie ist Ihr Gesichtsausdruck in fünfzehn Jahren? Welche Menschen tanzen mit Ihnen? Von welchen Zielen ist Ihr Leben bestimmt? Wie zufrieden sind Sie? Sind Ihre Augen fröhlich? Sind Menschen mit Ihnen? Frauen, Männer, Kinder, Gleichgesinnte. Haben Sie einen Lebensgefährten und wenn ja, strahlt er sie glücklich an? Können Sie diesem Menschen, erfüllt von Liebe zu sich selbst, beide Hände reichen? Spüren Sie die ›Sattheit‹? Riechen Sie, wie gut es Ihnen geht? Schmecken Sie, was Glück und Liebe für Sie bedeuten? Erfolg? Und gehen wir noch

weiter ... wie werden Sie mit sechzig Jahren sein? Mit sieb-
zig? Mit achtzig? Neunzig? Wie werden Sie sich fühlen,
wenn Sie diese Erde wieder verlassen? Werden Sie dankbar sein für ein erfülltes Leben, in dem Sie Ihre Sehnsüchte
alle leben konnten? Ein Leben, das geprägt war von Erfol-
gen und Zuneigung? Malen Sie sich diese Stationen mit
dem inneren Auge so lebendig und farbig aus, wie Sie nur
irgend können. Fühlen und tanzen Sie die Bilder. Geben
Sie Farben und Lebendigkeit dort hinein, wo es Ihnen noch
an etwas mangelt. Genießen Sie die Kraft, die Sie spüren.
Tanzen Sie so lange, bis das Bild für Sie stimmt, bis Sie es
lebendig und farbig genug gestaltet haben.

Machen Sie nun eine kleine Pause, setzen Sie sich hin
und vergleichen Sie beide ›Lebensläufe‹. Welcher Lebensausdruck entspricht mehr Ihren Sehnsüchten, Wünschen
und Zielen? In welcher Vorstellung empfinden Sie sich angenehmer, zufriedener, glücklicher? Welche Bilder üben
auf Sie eine stärkere Anziehung, eine größere Motivation
aus? Welche der beiden Zukunftsvorstellungen möchten
Sie verwirklichen? Es gibt zwei Wege. Ein heller, beglü-
ckender, und der mühsame Weg, den Sie bereits kennen.
Treffen Sie ganz bewusst die Entscheidung, welchen Weg
Sie gehen möchten. Gibt es Konsequenzen, die Sie dabei
bedenken müssen, und sind Sie bereit, diese zu tragen?
Malen und schreiben Sie die Erfahrung, die Geschichte
dieses Tanzes auf und bestätigen Sie sich nochmals Ihre
Entscheidung.

›Weib‹ sein – Männer nehmen

Wir wissen nun, wie es aussehen könnte, sich wirklich als Frau zu erleben, und in welcher Weise unsere Familiengeschichte dazu beiträgt, dass wir uns nicht immer so weiblich und frei fühlen, wie wir es gerne hätten. Wie gefährlich Werbung, unreifes oder oberflächliches Gerede von anderen Menschen und ein falsches Rollenverständnis unserem wahren Selbstbild werden können. Wir haben auch gesehen, wie häufig wir in Reaktion auf andere agieren.»Männer agieren – Frauen reagieren«, heißt ein alter Spruch. Da er alt ist, können wir ihn abhaken und vergessen.

Nun ist es nämlich an der Zeit, den Spieß herumzudrehen und zu schauen, wie es ist, extrovertiert durch diese Welt zu gehen. Sich einen Mann zu suchen, zu nehmen und ihn vielleicht auch wieder laufen zu lassen.»Nein!«, höre ich Sie protestieren, Sie möchten keine Männer für Ihre Lust benutzen! Warum denn nicht? Die meisten Männer haben das ganz gerne, wenn Frauen auf sie zugehen und nicht gleich von Ehe und Verwandtschaft sprechen. Außerdem sind es Männer gewöhnt kundzutun, wenn sie etwas nicht möchten. Ein Mann muss schon sehr schwer verliebt sein, ehe er einen Affen aus sich machen lässt. Ein bisschen Spiel könnte sie beide also sehr erfreuen! Flirts und kurze Affären sind eine gute Möglichkeit, sich zu erproben, Männertypen zu testen und die Energiereserven aufzufüllen. Zudem, um Ihr Gewissen zu beruhigen, kann ja auch aus einem Spaß sehr schnell ein schöner Ernst werden. Vielleicht wird aus dem kleinen Flirt die große Liebe? You never know!

Ulrike, 36 Jahre

»Es war für mich die ersten Male sehr seltsam, alleine in eine Bar zu gehen. Als Frau ist man da ganz schön unbeholfen, hat ein Buch dabei oder raucht zu viele Zigaretten. Neben der einen Bar, in die ich mit meinem Freund immer ging, ist ein Lokal für Schwule. An einem Abend bin ich einfach mal da reingegangen. Habe natürlich zuvor gefragt, ob das möglich ist. In diesem Lokal war eine ganz andere Stimmung als in den Bars, in denen ich früher war. Die Männer sprachen und turtelten mit mir, aber es ging nicht um Flirt. Sie sahen mich nicht mit den Augen eines Mannes an, sondern mit denen einer Schwester. Es war total lustig und familiär, was mir in der Zeit nach der Trennung gut tat. Ich glaube, ich konnte mich in diesem Lokal seelisch ausruhen, pflegen lassen und trainierte gleichzeitig den losen Umgang mit Männern und mich als Frau alleine zu bewegen. Als ich dann wieder in andere Bars ging, war es mir ganz natürlich, Männer anzusprechen, mich mit ihnen zu unterhalten. Es gibt immer mal wieder die ein oder andere Begegnung, die mich als Frau bestätigt, und ich genieße es, mir diese Männer auszusuchen. Mehr will ich gerade nicht.«

Als Weib, ›Luder‹, abends alleine auszugehen, kann eine wunderbare Erfahrung werden. Sehen und gesehen werden. Flirten, necken, lachen. Frauen können das ganz gut, und es gibt eine Zeit im Jahr, da gehört die direkte Anmache fast zum guten Ton. Ich spreche von Fasching, Fastnacht, Karneval. Ob mit Maske oder ohne, es wird getanzt, geflirtet, gelacht und kaum eine Frau hält sich zurück, wenn ihr ein Mann gefällt. Das besondere Gefühl, die Wahl zu haben, ist etwas sehr Erquickliches. Dieses gewisse Prickeln schon zu spüren, wenn man das Haus verlässt. Die Sicherheit, dass heute ganz bestimmt etwas passiert. In der Regel passiert es nicht von allein. Die Zutaten dieses Lebensgefühls bestehen aus:

- Lust, mit sich selbst zu sein.
- Lust, eine Frau zu sein.
- Freude an Menschen.
- Freude am Flirt.
- Wissen um die eigene Ausstrahlung.
- Wissen um die eigenen Grenzen.

Da Sie das nun alles mitbringen, wäre es wirklich Zeit, sich in die Nacht der Möglichkeiten zu begeben. Besuchen Sie Konzerte, machen Sie ein Blind-Date aus, gehen Sie auf eine Single-Party und nur unter der Bedingung zu Festen von Freunden, wenn die Ihnen einen unbekannten Tischnachbarn zur Seite setzen. Und dann wollen wir doch mal sehen, was Sie alles zu berichten haben und in wie viel unterschiedlichen Arten Sie sich als Frau erleben werden. Vielleicht als:

- betörende,
- intelligente,
- warmherzige,
- berechnende,
- wagemutige,
- spielerische,
- feurige,
- lustige,
- klare,
- reizvolle,

- anziehende,
- unnahbare,
- nahbare

Frau mit Mut zum Risiko? Es ist eine Menge drin in dem Topf. Lebenslust und Liebesleid. Glückliche und unglückliche Begegnungen. Ausgang: ungewiss.

Aber wieso nicht auch mal das Ungewisse wagen, wenn man sich genügend schützt, den Mann weder als Retter noch als Lebenspartner sieht, sondern einfach als eine hübsche Gelegenheit für ein paar nette Stunden. Also bitte nicht zurückhaltend sein, sondern die Gelegenheit betrachten und dann am Schopfe packen. Egal wie alt Sie sind!

Initiativ sein macht Spaß

Aber auch wenn Sie gebunden sind, einen Mann des Herzens haben, lohnt es sich, dann und wann, die Führung zu übernehmen und zwar mit eindeutigen Signalen!

Meine Mutter hat mir noch beigebracht, dass eine Frau zu warten habe. Der erste Schritt gebührt dem Mann. Das habe ich befolgt und ziemlich oft umsonst gewartet. Als ich diesen Weg als Sackgasse deklarierte und in die Offensive überging, wurde das Leben richtig lustig. Vorsicht! Ich habe nicht gesagt, dass ich mich Männern an den Hals geschmissen und ihre Hemdkragen mit Lippenstift beschmiert habe! Ich sagte, ich ging in die Offensive über, was bedeutet, der Mann, der mir gefiel, erhielt von mir ein Signal. Und zwar ein deutliches. Das Signal hieß: »Hallo, ich finde dich interessant und würde mich freuen, wenn du mich auch interessant finden würdest.«

Meine Augen waren klar auf das Objekt meiner Begierde gerichtet und meistens ergab sich sehr bald eine Begegnung. Häufig war ich abends schon in Erwartung des Erlebnisses ausgegangen. Ich hatte mich offensichtlich, ohne es zu wissen, ›programmiert‹. Mein Unterbewusstsein hatte den Auftrag erhalten, sich nach einem netten Gegenüber umzublicken. Das ging viele Jahre so, meine gesamte Single-Zeit. Als ich mich dann verliebte, eine feste Bindung einging, hörte es damit – nach Anweisung an mein Unterbewusstsein – wieder auf. Nach all den Jahren der Liebesfreuden ist es nun für mich gut, einen Gefährten an meiner Seite zu wissen. Auch festen Bindungen tut es aber gut, wenn ein bisschen ›Luder‹ in uns leben bleibt.

Paula, 37 Jahre

»Unsere Ehe war dabei einzuschlafen. Wir hatten feste Rituale, feste Zeiten. Auch was das Liebesleben angeht. Es war nicht heiß, es war nicht kalt. Es war lau – etwas Einschläfernderes kann es nicht geben. Doch wie aus diesem gleichmäßig vor sich hinplätschernden Bach einen mitreißenden machen? Trennung kam für uns beide nicht in Frage. Ich liebe meinen Mann und er liebt mich. Wir haben uns nur als Mann und Frau nicht mehr recht gesehen. Aus diesem Grund haben wir einen Partnerschaftstag eingeführt. Jeden Mittwochabend unternehmen wir etwas miteinander. Es wird nichts abgesprochen, sondern wir überraschen uns gegenseitig. Die Ideen: Theater, Kino, Konzert, Essen gehen sind bald durch und danach fängt man an zu überlegen, den anderen mit neuen, wachen Augen zu betrachten. Mit was kann man sich selbst und dem Partner eine Freude machen? Vielleicht auch einmal in sexueller Hinsicht ... ich habe uns da sehr schöne Erlebnisse geschaffen, weil wir uns nicht zufällig, sondern sehr gezielt begegneten. Die Führung lag ganz und gar bei mir. Das war schon ziemlich aufregend ...«

Na bitte. Ein bisschen Kerzen, Lachs und Romantik haben
schon mancher Beziehung einen neuen Impuls gegeben.
Was es alles an Ideen gibt, werden Sie schon selbst herausfinden. Den Mut dazu haben Sie jetzt sicherlich gefunden.
Also fangen Sie mit Ihrem neuen Leben an! Mischen Sie
die Karten noch mal neu.

- Machen Sie Eselsohren in Bücher!
- Lassen Sie das Geschirr stehen!
- Drehen Sie sich nach Männern um!
- Beschenken Sie sich mit hübschen Dingen!
- Tapezieren Sie Ihre inneren Räume neu!
- Machen Sie einen Sport, der Ihnen gut tut!
- Besuchen Sie einen Tanzkurs!
- Fahren Sie ans Meer!
- Schreiben Sie Tagebuch!
- Essen Sie teure Torte!
- Lesen Sie Biografien von wagemutigen Frauen!
- Zünden Sie sich Kerzen an!
- Zwinkern Sie Männern und Frauen zu!
- Laden Sie Männer und Frauen ein!
- Rauchen Sie Zigarillos!
- Trinken Sie teuren Whiskey!
- Gönnen Sie sich einen sündhaft teuren Lippenstift, in
  einer sündigen Farbe!
- Streicheln Sie sich!
- Sorgen Sie dafür, dass Ihre Augen leuchten.

Denn ich habe noch eine Bitte zum Schluss:
   Falls wir später einmal, hochbetagt, in den Genuss kommen, ein Zimmer im selben Altenheim zu teilen, dann
möchte nicht nur ich erzählen, sondern auch etwas erzählt
bekommen. Geschichten entstehen durch Leben. Fangen
Sie mit dem Sammeln rechtzeitig an! Am besten *jetzt*!

Flirten

Es ist erlaubt, immer wieder neue Regeln und Rollenbilder der Mann-Frau-Ebene zu entdecken und zu leben.

➤ ➤ ➤ Übung

Machen Sie es sich bequem, entspannen Sie sich und bitten Sie Ihr Unterbewusstsein, Sie zu Situationen zu führen, in denen Sie glücklich und ausgiebig geflirtet haben. Wählen Sie sich die beste Situation aus. Wie sieht es dort aus? Hören Sie Musik? War es in einer Bar, in einem Park, im Zug oder einem Restaurant? Welche Farben können Sie erkennen? Welche Gerüche wahrnehmen? Spüren Sie die Lebendigkeit, das Vibrieren in Ihrem Körper und fühlen Sie nach, wie wohl und schön Sie sich fühlen?

Suchen Sie sich nun eine Situation, in der Sie flirten wollten, aber blockiert waren. In der Sie vielleicht keinen richtigen Ton herausbrachten, unsicher wurden oder sehr schüchtern. Stellen Sie sich auch diese Situation ganz genau vor! Betrachten Sie sich den Ort, die Menschen, die Farben, lauschen Sie den Tönen.

Bitten Sie Ihr Unterbewusstes, die negative Situation an den Ort des Flirtens zu bringen. Die negative Situation wird dort die schöne, glückliche Färbung annehmen. Ihr Unterbewusstsein wird dafür sorgen, dass die negative Situation der positiven gänzlich angeglichen wird. Es wird die positive Wandlung integrieren und Sie dies auch körperlich spüren lassen.

Gehen Sie am Abend in die Stadt und flirten Sie. Spielen Sie neugierig und vielleicht auch auf neue Weise dieses ›alte Spiel‹. Damit Sie sich besser erproben können, schließen Sie mit sich den Vertrag: »80 Zentimeter Abstand halten«. Mit diesem Vertrag setzen Sie einen klaren Rahmen.

Der Rahmen erlaubt Ihnen, die Begegnung intensiv zu genießen, spielerisch damit umzugehen und sich dabei ganz lebendig zu fühlen.

Schreiben Sie am nächsten Morgen Ihre Erfahrung mit dieser Übung auf. Was hat Ihnen besonders gut gefallen? Möchten Sie das Spiel wiederholen oder vielleicht noch ausgelassener spielen. Etwas anderes anziehen, in eine andere Stadt gehen, einen Ball besuchen oder die Frisur ganz einfach wechseln? Gab es vielleicht schon einmal eine Zeit, in der Sie gerne und heftig flirteten? Möchten Sie etwas davon in Ihr jetziges Leben integrieren? Wenn ja, dann tun Sie es! Flirten ist schließlich eine der schönsten Energiequellen für die Seele.

Malen Sie ein Bild mit Ihren Farben von Liebe und Flirt.

Wie im richtigen Leben

Zusatzzahlen machen Spaß, weil Sie an einen Joker erinnern. Der Gewinn kann sich dank einer Zusatzzahl vermehren, oder wenigstens ein Trostpreis rückt in greifbare Nähe. Meine Zusatzzahl ist eher eine Zusatzaufgabe.

Aber keine Angst, Sie müssen nun nicht schon wieder zu Malstiften, Ideenheften oder anderem Papier greifen, nein, Sie dürfen in die Videothek gehen und sich einen Film ausleihen. Barbara Streisand: *Liebe hat zwei Gesichter*.

Es ist egal, ob Sie den Film schon gesehen haben, ob Sie aus Begeisterung jede Szene mitsprechen können oder ob Sie aus dem Kino geschlichen sind. Sie werden den Film mit neuen Auge sehen, denn vieles von dem, was wir hier besprochen haben, finden sie in diesen 120 Minuten wieder:

Die Spiegelgeschichte.
Eltern wollen ihren Kindern nichts Böses.
Das Luxusweib.
Schönheit allein ist zu wenig.
Tüchtige Mädchen.

Ich fand den Film sehr romantisch, vermutlich wegen Barbara Streisand. Sie ist mein Modell, wenn es darum geht,

Erfolg zu genießen. Mehr nebenbei stellte ich fest, dass es zu den einzelnen Thesen und Beispielen, die Sie in diesem Buch vorfinden, sehr gute filmische Sequenzen gibt. Sie werden selbst sehen.

Der Film hat Herz, Humor, er lädt zum Träumen ein, aber auch dazu, sich etwas zu wagen und die alte Haut abzustreifen. Ernsthaftigkeit und Lachen reichen sich hier die Hand. Die Komödie ist »Hollywood« – aber das macht nichts, denn: Ist »Hollywood« nicht überall?

Ich jedenfalls saß ziemlich schneuzend und bewegt auf meiner Couch. Draußen regnete es und drinnen in meinem Wohnzimmer flimmerte mir die filmische Bestätigung entgegen, dass es gut und richtig ist, sein Leben als Frau weiblich zu gestalten. So zu leben, wie wir sind. Ich war berührt.

Die genauen filmischen Sequenzen habe ich Ihnen natürlich nicht genannt. Das wäre ja so, als würde ich für Sie ein Kreuzworträtsel lösen! Das Ratevergnügen bleibt bei Ihnen. Also: Holen Sie sich den Film und laden Sie sich ein paar Freundinnen ein. Ein wunderbarer Abend liegt vor Ihnen! Vergessen Sie die Papiertaschentücher nicht und auch nicht eine Tüte Chips. Ich wünsche Ihnen ganz viel Spaß und bedauere, nicht bei Ihnen sitzen zu können. Aber wenn Sie mögen, schreiben Sie mir doch die Filmabschnitte, die Sie entdeckt haben und überhaupt, wie es Ihnen mit Ihren neuen Ideen geht!

Christine Weiner
Postfach 610126
68239 Mannheim

Literatur

Bernath-Frei, Barbara: *Duftmeditation. Das sinnliche Erlebnis für Körper, Geist und Seele.* München: Kösel-Verlag 2001

Bethke, Ricarda: *Die anders rote Fahne.* Frankfurt a.M.: S. Fischer Verlag 2001

Dreher, Diane: *Das Tao der Weiblichkeit. Quellen innerer Kraft.* München: Deutscher Taschenbuch Verlag 2000

Kummer, Irène: *Im Mittelpunkt meines Lebens. Frauen ergreifen die Chancen der zweiten Lebenshälfte.* München: Kösel-Verlag 1998

Kutschera, Gundl: *Tanz zwischen Bewußt-sein und Unbewußt-sein. Ein NLP Arbeits- und Trainingsbuch.* Paderborn: Junfermann Verlag 1994

Kutschera, Gundl/Harbauer, Eva-Maria: *In Resonanz leben und den Neubeginn wagen. Weitere Phantasiereisen im NLP.* Paderborn: Junfermann Verlag 1997

Leonie Ossowski: *Die schöne Gegenwart.* München: Piper Verlag 2001

Louden, Jennifer: *Dein Leben – mach was draus. Das Wohlfühlbuch der Lebenskunst.* Freiburg: Verlag Hermann Bauer 2000

Mohl, Alexa: *Der Zauberlehrling. Das NLP Lern- und Übungsbuch.* Paderborn: Junfermann Verlag 2000

Orbach, Susie: *Anti-Diätbuch, Tl. 1, Über die Psychologie der Dickleibigkeit, die Ursachen von Eßsucht.* München: Verlag Frauenoffensive, 17. Auflage 1997

Dies.: *Anti-Diätbuch, Tl. 2, Eine praktische Anleitung zur Überwindung von Eßsucht.* München: Verlag Frauenoffensive, 17. Auflage 1993

Pinkola Estés, Clarissa: *Die Wolfsfrau. Die Kraft der weiblichen Urinstinkte.* München: Wilhelm Heyne Verlag 1997

Prekop, Jirina: *Hättest du mich festgehalten. Grundlagen und Anwendung der Festhalte-Therapie.* München: Goldmann Verlag 1999

Riedl, Rudolf: *Mit Vergnügen älter werden. Das Wohlfühlbuch für Ihre besten Jahre.* Freiburg: Verlag Hermann Bauer 2000

Satir, Virginia: *Meine vielen Gesichter. Wer bin ich wirklich?* München: Kösel-Verlag, 5. Auflage 2001